NA KE SHU NA ZUO SHAN

那棵树 那座山

印象薛法根

沈正元 著

江西教育出版社
JIANGXI EDUCATION PUBLISHING HOUSE

·南昌·

赣版权登字-02-2024-496

图书在版编目（CIP）数据

那棵树 那座山：印象薛法根 / 沈正元著.
南昌：江西教育出版社, 2025. 1（2025. 4重印）. —— ISBN 978-7
-5705-4536-0

Ⅰ. G623.202
中国国家版本馆CIP数据核字第2024T5L591号

那棵树 那座山：印象薛法根
NA KE SHU NA ZUO SHAN：YINXIANG XUE FAGEN

沈正元 著

江西教育出版社出版
（南昌市学府大道299号 邮编：330038）

出 品 人：熊 炽
责任编辑：缪慧玲
美术编辑：张 延

各地新华书店经销
江西千叶彩印有限公司印刷
880毫米×1230毫米 32开 7.5印张 130千字
2025年1月第1版 2025年4月第2次印刷

ISBN 978-7-5705-4536-0
定价：45.00元

赣教版图书如有印装质量问题，请向我社调换 电话：0791-86710427
总编室电话：0791-86705643 编辑部电话：0791-86705903
投稿邮箱：JXJYCBS@163.com 网址：http://www.jxeph.com

序

顾月华

2024 年 7 月 4 日，在苏州市吴江区程开甲小学，我与江苏省教科院、苏州市教育局及吴江区的领导、教育同人一起，和盛泽实验小学教育集团的青年教师进行了一场主题为"读懂小学生，学做大先生"的对话。十一年前的 11 月，我在苏州市教育局工作的时候，第八次"对话青年教师·走进基层学校"沙龙活动也在吴江区盛泽实验小学举行。

为什么两次对话都选择吴江盛泽？因为那里有位堪称"大先生"的薛法根。

2023 年教师节前夕，习近平总书记致信全国优秀教师代表，提出中国特有的教育家精神：心有大我、至诚报国的理想信念，言为士则、行为世范的道德情操，启智润心、因材施教的育人智慧，勤学笃行、求是创新的躬耕态度，乐教爱生、甘于奉献的仁爱之心，胸怀天下、以文化人的弘道追求。

江苏历来崇文重教、名家辈出，陶行知、黄炎培、陈鹤琴、斯霞、李吉林等众多教育名家勤勉敬业的奉献精神、躬身力行的榜样力量，影响了一代又一代江苏教育人，成为教育家精神谱系的重要来源。江苏省教科院正在做教育家精神谱系的研究和口述史，这是一件很有价值和意义的事情。其研究的对象，不止于先贤大家，更有当下的一个个新时代的教育家，薛法根也是这样的典型。

　　法根从一位普通的乡村语文教师，成长为特级教师、江苏省"最美教师"、全国模范教师，是年轻的"大先生"。

　　得知吴江区教育局原副局长沈正元正在撰写法根的故事，我心中充满了敬意。而今，书稿呈现在我的面前，我十分惊喜与感佩。

　　书稿中，正元以细腻的笔触、独到的视角叙写，犹如一面多棱镜，让法根的形象活生生地"立"在我的面前，勤奋的、执拗的、朴素的、耐得住寂寞的、不愿意重复自己的、像孩子般可爱的……又如一面魔镜，让人边读边回忆，让法根几十年的教育生活就如电影镜头一般在眼前闪过，一个真实、立体的法根，呈现在我们的眼前，精准、贴切地展现了法根的教育智慧和人格魅力。可以毫不夸张地说，正元对法根的认识，可能超越了法根对自己的认识。

法根 1983 年初中毕业考取江苏省新苏师范学校，1986 年保送江苏省无锡师范学校（1997 年并入苏州教育学院，2003 年苏州教育学院并入苏州市职业大学）大专班，1988 年分配到吴江县第二实验小学（现吴江区盛泽实验小学）任教。法根从苏州吴江的乡村——桃源走出来，又回到乡村——吴江盛泽工作，三十六年如一日，孜孜以求，深耕乡村教育，守望着生他养他的那片沃土，为吴江，为乡村教育发展，做出了卓越贡献！

　　法根热爱孩子，钟情课堂，直到今天，年过五旬的他依然活跃在讲坛上。无论到哪里，法根几乎都会被拉去上课，不管哪个年级，不管什么课文，迎难而上、推陈出新、乐此不疲。从孩子们发光的眼睛里，他享受到无限的快乐；从年轻教师蜂拥而至的场景中，他不断升华自己的职业境界。

　　课比天大，法根把教育教学作为立身之本，课堂是他焕发生命活力的地方，是他践行教育家精神的神圣殿堂。法根的实践启示我们：课堂里的名师，才是真正的教育家！

　　"一树春风千万枝，嫩于金色软于丝。"讲台上，课堂里，法根的心是柔软的，他把学生放在学校的中央、课程的中央、课堂的中央，提炼出了"三个无限相信"："无限相信每个孩子都有学习的愿望，无限相信每个孩子都有学好的可能，无限相信每个孩子都有学会的时刻。"他有"三个当成"的理论：

一是把自己当成学生，要做先生，先做学生，主动向学生学习；二是把学生当成学生，尊重学生，把学生当作独立、平等的个体，无压迫、不替代、少干涉，让学生成为他自己；三是把学生当成自己，站在学生立场思考问题，永远不忘自己曾经是个孩子，设身处地为学生的成长着想。法根还认为，教师的心中要住着"三个孩子"：一个是理想中的孩子，那是我们培养的目标；一个是眼前的孩子，真实却并不完美的学生；一个是儿时的自己，那个长大了的孩子。永远不忘自己曾经是一个孩子，你才能体会眼前并不完美的孩子；永远不忘理想中孩子的模样，你才能让眼前的孩子变得更完美；永远不忘眼前那个真实的孩子，你才能看到他与众不同的那一面。

法根就是那样，心里永远装着孩子！从法根身上我们悟出一个哲理：只有读懂小学生，方能成为"大先生"。

法根的管理也以人为本，以发展教师为先。他把教师视为学校最有价值的课程资源，致力于让同伴更优秀，把学生发展、教师发展、学校发展的最美好梦"卖"给教师，于是，在成就学生的同时也成就了教师。短短十余年，盛泽实验小学这样一个乡村小学培养出三位语文特级教师、一位美术特级教师和一位体育特级教师，加上法根，一所学校有六位校本培养的特级教师，这是一个奇迹，一个乡村教育的奇迹！

法根成长的另一个秘籍就是坚持教育科研，用他自己的话来说就是"一生只做一件事"——研究语文教学。1998年，法根在成为江苏省最年轻的特级教师后，没有自满，没有停歇，继续深耕乡村教育，深耕语文教学，如他的名字中的"根"那般，深深扎入教育改革的沃土。教育科研是法根"一生的恋人"，组块教学是他持续研究的一个主题。通过"小学语文组块教学实践研究""智慧解放教育理论下的小学组块教学研究""关联理论视域中的小学语文组块教学研究"等三个课题的研究，法根创立了小学语文组块教学模式。这一研究成果相继被评为省基础教育教学成果奖特等奖、国家基础教育教学成果奖二等奖，在全国产生了重大的影响，在小学语文界树立了标杆。

　　时至今日，正元竟然还保留着20世纪90年代和法根讨论组块教学建构的文稿，还能翻出曾经听法根的讲座时的工作笔记。他从不停止阅读组块教学案例、梳理与提炼组块教学思想，操心组块教学的理论研究进程与组块教学研究成果的辐射与推广。法根曾经告诉我："组块教学研究之路的每个主要的时间节点，都有正元大哥的智慧映照。所以，我一直发自内心地称呼正元为'大哥'，三十多年如一日！"

　　一个人能比自己更清晰地认识自己，两个人一定可以成为知音。法根可能遗忘的生活碎片，都被正元一一拾起；法根可能不留意的教育小事，都被正元一一记录。正元的特定身份有利于全方位观察法根成长的规律，又全面了解法根的为人、思想、学识，所以能从教师、研究者、校长、朋友等角色去叙写法根，展现给人们的是一位血肉丰满而又富有人性、个性的薛法根——是立体的。不仅如此，正元在叙写法根故事的同时，做到叙议结合，把法根的故事放到教育改革发展的大背景下，揭示法根成长的普遍意义，从而给人以启发——又是深刻的。

作为一名教育行政管理者，正元讲政治，他对法根的爱惜与扶持完全出于对吴江教育大局的考虑，他深知名师与名校的关系、教育领军人才与地区教育发展的关系，为此，他不遗余力地推动科研先导、名师生成；作为一名教育行政管理者，正元会管理，他对教师、校长的管理就是适切的服务和精当的指导，是"无为"与"有为"的辩证法——让师生自主发展，学校教育才会充满生机，富有活力；作为一名教育行政管理者，正元懂教育，他对教育的认识是深刻的，他懂办学的规律，就如农民懂农作物的生长规律一样——能理解与亲近一线的教师。他曾经提出并实践中小学教育科研"以人为本，关注学生，亲近教师，走进课堂，成长师生"的吴江范式，在全省产生一定的影响，由此，他在区域教育管理上，支持、帮助教师"走上教育科研的幸福之路"。

"一方水土养一方人"，法根的成长、成才是他自身努力和持续追求的结果，也与江苏教育这片热土分不开。法根刚参加工作的那个年代正是江苏教育积极探索"以教育科研为先导，向教育科研要质量""以教师发展为关键"加快教师成长的年代。吴江自 1990 年起，先后提出"狠抓校风，实抓质量，站稳脚跟，打出旗帜""均衡的基础上求特色，有教的基础上求优教""让学生快乐地学，让老师幸福地教""好地方，好教育，好未来"等具有时代特色的区域教育发展愿景，推进素质教育和教育现代化。在这个过程中，吴江历任教育局长一直把师资队伍建设，尤其是名师的培养紧紧抓在手上。法根的幸运还在于他所在的学校是一所科研先导型学校，历任校长以私人定制的方式锤炼、培养法根。如果放宽视野，那么法根的成长与江苏基础教育风起云涌的改革是同步的。改革开放四十多年，江苏教育在随着时代的步伐前进、超越。江苏教育在高举素质教育与教育现代化两面旗帜的过程中，加强师资队伍建设，先后启动了教育家培养工程、"苏教名家"培养工程，法根就是教育家培养对象之一。所以，法根成长在"天时地利人和"的环境中。

　　高山流水遇知音，彩云追月得知己。掩卷遐思，《那棵树，那座山》以"树"和"山"作意象，十分巧妙。山与树相辅相成、相得益彰，山是树的坚实依靠，树是山的生命华章。法根与正元，名师、校长与教育管理者在教育家精神的映照下熠熠生辉，共同铺就立德树人的教育新征程。在教育改革与发展不断深化的今天，在中国式教育现代化持续推进的今天，期待着更多的教师像薛法根那样、更多的教育管理者像沈正元那样成为基础教育——根深的树、基固的山！

目 录

序   001

拂尘生嫩绿

一定要从这儿爬起来   002

孔武有力   009

模仿的力量   019

通天塔   025

新竹高于旧竹枝

从"获奖专业户"到"获奖专业校"

     032

让同伴更优秀   040

教师就是课程   047

抱团取暖   054

嫩于金色软于丝

学校一定要好玩　　　　064

无限相信孩子　　　　072

永远是个孩子　　　　077

他的语言有温度　　　　083

匠心　　　　091

打开一扇窗，推倒一堵墙　　　　098

咬定青山不放松

一生的"恋人"　　　　106

跨界　　　　114

人生究竟要读多少书　　　　120

第二张脸　　　　125

感恩的心　　　　133

把根留住　　　　139

江山皆本色

执拗　　　　148

不做重复的自己　　　　155

那棵树　那座山

说真话不丢面子　　　161

灿烂的笑　　　166

课品就是人品　　　171

会当凌绝顶

永远的清醒者　　　178

赓续　　　186

播种　　　194

鼓与呼　　　202

单峰骆驼　　　208

后记　　　215

1

拂尘生嫩绿

一定要从这儿爬起来

1993年12月，隆冬季节，银杏之乡的泰兴却热气腾腾，《江苏教育》杂志社举办的江苏省"教海探航"征文颁奖大会在这里隆重举行。12月20日，青年教师会课将颁奖活动推向了一个高潮……

"同学们喜欢看魔术吗？今天老师来表演一个魔术，请大家仔细看。"

上课的是一位青年男教师，瘦瘦的，鼻梁上架着一副眼镜。他先把五张白纸贴在黑板上，接着拿出一个带喷头的瓶子对准白纸轻轻一喷，满室飘香，纸上顿时显出五个紫色大字——奇妙的魔术。

学生中议论声四起。

"这是怎么一回事呢？谁能揭开其中的奥秘？"教师面带微笑，前倾着身子，流露出热切的目光。

学生交头接耳，那一双双明亮的眼睛里迸出饱满的热情、求知的渴望。

会场上听课的上千名泰兴教师连连称奇，莫非这位教师有什么特异功能？怎么那些平时害怕作文的学生到了他的课上，竟像换了个人似的，变得思维敏捷、好学可爱了？

曾听过这位教师课的《江苏教育》的编辑们纳闷儿了：一年不见，他的教学能力怎么提升得如此之快？

有人则评价说：这堂课上出了特级教师那种课的味道。

这位青年教师是谁呢？他就是被大家称为"教海探航"征文"获奖专业户"的薛法根。

一

在许多人的眼里，法根是个幸运者，成功垂青于他。其实，法根也有过失败，品尝过生活的苦涩。

1988年，年仅20岁的法根从无锡师范学校大专班毕业，来到吴江县第二实验小学，开始了他的教师生涯。

那时候学校条件远不如现在。法根住的是工厂废弃的食堂，睡的是自己拼搭的竹床，吃饭要到附近单位的食堂"打游击"。尽管条件艰苦，但是，从小就对教师这一职业仰慕不已并立志当一名特级教师的法根痴情于三尺讲台,安心于"教室—食堂—宿舍"三点一线的生活,潜心于教育教学的研究。

1990年秋,江浙沪两省一市教改研讨会在二实小召开,领导把上公开课的任务交给了法根,上的也是作文课。法根深知肩上的分量,全力以赴,挑灯夜战,还专程赴上海听课学习。教案,改了又改;授课,试了又试。认为胸有成竹、万无一失的他,在课堂上按部就班地实施"方案"时,平时聪明伶俐的学生竟一个个瞪大了眼睛,迷惑地望着他,不知所措。课上砸了,法根难过得几天睡不好觉。领导安慰他:"失败乃成功之母。"老教师鼓励他:"抬起头,再努力,总有成功的一天。"

"一定要从这儿爬起来!"于是,法根一头扎进了作文教学研究,开始了艰苦的跋涉。

法根深知要登上教学艺术殿堂,自己缺的东西很多,尤其是教育教学的理论知识。于是,他首先向提高自己理论水平的目标进军。他与书为伴,床头、案头,堆着一本本理论书籍,多少个星期天、节假日,法根在与书的交谈中度过;同行的女友从苏州来看他,两人并没有花前月下,法根看他的书,她则为法根做札记。婚后,有了家,有了孩子,法根一如既往,痴情于书,撂下孩子和家务,钻进了书房,释读《学与教》《心理学》,家务的重担落在妻子身上……

凭着对教育事业的痴情,靠着惊人的毅力,短短三四年工夫，法根学习了陶行知、叶圣陶等老一辈教育家的教育理论知识，钻研了斯霞、李吉林、丁有宽、贾志敏等小学语文教学专家的教学经验，啃完了《语文教育心理学》《小学作文教育学》《教学论新编》等理论著作，记了一本又一本的笔记。

为拓宽视野，他涉猎了教育社会学、教育文化学、教育政治学等边缘学科的有关论著，学习了耗散结构论、协同论等新三论，还把目光投向苏霍姆林斯基、列昂节夫、巴班斯基、布卢姆等外国教育家，阅读了《给教师的建议》《活动 意识 个性》《论教学过程最优化》等一部部论著……

学习，使法根的视野不断开阔，理论水平不断提高。凡是接触过法根的人都有这样一种感觉，隔一段时间与法根交谈都能发现他有新的见解、新的理论冒出。每当谈起他今日的成绩时，法根总要说：是理论学习，为自己的教学研究奠定了扎实的基础，更为自己的作文教改点亮了明灯。

二

"纸上得来终觉浅，绝知此事要躬行。"法根善于利用学到的理论指导自己的教学实践，努力在运用中加深理解。

法根是幸运的，他所在的二实小是一所科研先导型学校，从领导到教师都十分重视教育科研，学校教育科研的气氛浓厚，使得法根如鱼得水。1992年起，学校开展了省"八五"重点课题"以丝绸文化为背景，提高小城镇儿童素质"的课题研究，法根主动请缨，承担了实验班的语文教学任务。法根与小颜、小沈等一起办起了青年教师理论学习夜校，创办了校刊"教海探航"，组建了青年教改研究中心……与一批志同道合的年轻人在教育科研的园地里拓荒。

在三年多的教育实验中，法根承担的实验项目很多，有"小学生综合思维训练研究""小组教学法研究""课题管理五化研究"等。在教学中，他把作文教改作为重点研究，花在作文改革上的时间最多。

犹如小孩学步一样，法根首先从模仿起步。他向本校教师学：一有空，他就端张凳子坐在教室里当"学徒"，看他们的一举一动，学他们作文教学的一招一式，并在自己的教学中借鉴他们的长处。他走出校门向其他学校的优秀教师学习：学校组织去上海市实验学校、无锡连元街小学、杭州天长小学参观，法根总要尽量多听几节作文课，笔记本记得满满的，回来后试着上，品味个中得失。他向特级教师学习：反复看贾志敏老师的作文指导录像、庄杏珍老师的作文指导课，模仿他们的教法。他利用参加各种研讨活动的机会，聆听专家、学者的作文教学主张，拜吴立岗、朱作仁等为师，把专家们的理论运用到实践中。法根更把校级、镇级、市级的公开课作为提高自己教学能力与水平的良机，争着上。

好学、勤奋的法根进步神速，他的作文教学很快上了一个大台阶，在吴江出了名，在苏州也小有名气。

三

法根是个永不满足的人，他深知模仿别人始终不可能走出一条自己的路。"没有一股闯劲，犹如一潭死水！"校长的话激起了他闯一闯的雄心。"不要走别人的路，即使那是一条捷径。"袁浩老师的话使他萌生更高的目标：要走出一条作文教学的新路。

法根在华东师大杜殿坤教授、上海师大吴立岗教授等人的悉心指导下，确立了以活动心理学为理论依据的作文教改研究课题，在学习他人成功经验的基础上做了大胆的创新。

教师命题，提出目的，学生按照教师的要求去写作，似乎是天经地义的事。然而，法根却不这样，他的作文教学是从动机走向目的的。他先通过生动的谈话，创设有趣的情境，以激发学生认识、交往、自我实现等高层次的表达需要，然后因势利导地和学生一起确定作文题目和要求，让学生充满情趣地动笔写作。激发动机、引起需要、揭示目的，是法根作文指导的几个重要环节。在这些环节中，法根特别注重对学生写作动机的激发，探索出创设情境、展示实物、小品表演、播放视频等十多种激发动机的方法，变学生的"要我写"为"我要写"，难怪他的作文课就像"磁石"般吸引着学生。

在小学作文教学的形式上，法根也借鉴他人经验，结合实际，指导学生课内写"素描作文"。课内素描作文着眼于学生写作的基本技能，逐项训练，逐项落实；课外循环日记着眼于学生能力迁移，多练多写，互评互改，不断提高学生的作文能力及水平。

法根的作文课走出了吴江，走出了苏州，在全省享有一定的知名度，常州、徐州等地请他去上示范课，他两次在江苏省"教海探航"征文活动上示范课。他撰写的《循环日记——作文训练的一种好形式》《教得轻松，学得扎实》，在江苏省"教海探航"征文竞赛中连续获得一等奖，难怪人们戏称他为"获奖专业户"。他还在《小学语文教师》《江苏教育》《江苏教育研究》等刊物上发表作文教学论文，他的一些观点及做法也引起小语界的注目。他指导的学生习作在全国中小学生作文竞赛中多人获二等奖、三等奖，有20多篇习作在《小学生阅读报》《读读写写》《小主人报》等报刊上发表或被收入丛书。

孔武有力

1991 年暑假，吴江县教育局教科室主任胡继渊通知我去吴江县第二实验小学，参与该校丝绸文化的课题研究活动，在那里，我第一次见到了法根。

一

第一次见到法根，感觉他有点弱不禁风的样子。只觉得法根人很瘦，脸很白，个子挺高，背有点弯……

法根在上课时通过与学生的对话，借小学生单纯而又明亮的眼睛、朴素而又精准的语言，绘就了他自己的外貌特征。

师：同学们认识我吗？我姓薛。仔细看看我，有些什么特点？

生：你人长得很高、很瘦。

师：高好啊！站得高，看得远！

生：你的头很小。

师：头小，智慧多。

生：你的牙齿有点凸出来。眼睛小小的。脖子很长。

师：脖子长好啊！天鹅的脖子多长，那是高雅！（众笑）

生：你有点驼背。

师：这是我向骆驼学习的结果。当然，我只能成为单峰骆驼。（众大笑）

生：你的字写得很漂亮。

师：（与学生握手）谢谢你，只有你夸奖我！要不然，我真的会感到很自卑的。

法根是幽默的，也是智慧的。师生之间的打趣、互动，似乎仅仅是为了活跃气氛、联络感情，但实质上是在训练学生的观察能力！这切中了小学生作文的要害。

1988 年，年仅 20 岁的法根从无锡师范学校大专班毕业，来到吴江县第二实验小学，开始了他的教师生涯。

大专生，那时在小学是十分稀罕的，他是时任校长姚荣荣硬从教育局抢过来的。当时，按照有关政策，像法根这样的大专生是应该安排到吴江县实验小学的，法根"阴差阳错"到了吴江县第二实验小学，这也为法根的发展创造了"机遇"。

尽管叫"吴江县第二实验小学"，其实是镇管学校，又不在县政府所在地，因此，学校各方面的条件与县实验小学有差距。就是因为有这样的差距，学校对法根这样的青年教师寄予厚望，自然就给予压力，提供更多的机会。

法根刚上岗就教高年级的语文，如何在小学语文教学上闯出一条路来？法根在思考，也在实践，他将眼光投向了作文。

1992年，我到吴江市（1992年，吴江撤县建市，2012年，县级市吴江市撤县设区）教育局教科室工作，因为我也是语文教师，而小学高年级的语文教学与中学语文教学有很多相通之处，自然与法根有更多的共同话题。当时，法根正在开展素描作文的教学实验。初秋，我听法根的第一堂课就是五年级的素描作文——写写你的同学。

20世纪80年代，作为语文教师，在阅读与作文教学的两个领域上，我也首先在作文教学上进行改革，把作文教学中培养学生的创造性思维作为课题来研究，撰写了《在作文教学中培养学生的创造性思维》等文章。但是，对于素描作文，我一无所知。

法根告诉我："素描作文，就是像素描写生一样，将所见的景物和事件如实、生动、具体地描述下来。"原来，这是借鉴美术教学的做法，要画好人物画首先要通过素描画去打好基础。不学会素描，就很难画好人物，学生写作也是如此。法根特别强调说："学生要把完整的人物和事件写好，就要学会观察和描写各个局部，如动物、静物，如人物的外貌、动作、对话。因此，素描作文是小学中、高年级作文基本功训练的必修课。"法根还告诉我，他的实践有理论的支持，素描作文的创始人是上海师范大学的吴立岗老师。用现在的话来说，他是吴立岗老师的粉丝。

此时的法根，是一位仅有三年多教龄的年轻教师，谈起素描作文，滔滔不绝，有理论依据，还有学科的跨越，更有他深度的实践，令人惊叹，更让我这样一个中学语文教师自叹不如，暗下决心，要像法根那样向理论、向专家借力！

法根是幸运的，当时的二实小，教育科研起步早，而且深入学科，科研与教研深度融合。学校还开展"攀高枝""借脑袋"行动，与华东师范大学、上海师范大学建立了联系，杜殿坤、吴立岗时常到二实小指导教学改革，法根便抓住机遇，向专家讨教，并结合实际进行创造性的探索，形成自我见解。

他指导学生写素描作文要用好"四个力"，就是——眼睛（眼力）、耳朵（听力）、大脑（想象力）、嘴巴（修改力），尤其要用好眼力，进行细致有序的观察。他说："会看，会观察，看到细微之处，要有眼力。"他特别善于引导学生在观察的基础上进行描写，那不厌其烦，那循循善诱，于学生，是一种体验，于听课教师，是一种艺术享受。

不妨来看他上的素描作文课的一个片段——

上课前，法根在桌子上摆放好石头、沙子、杯子后，就问学生看到了什么。当一个学生说只看到石头时，法根便开始了他的引导。

师：你除了看见石头，就没有看到其他吗？如果看不清楚，你可以上来看，一定要看清楚噢。你说，现在讲台上放着什么？

生：放着石头。

师：说完整，讲台上放着——

生：讲台上放着沙子和石头。

师：你看，沙子放在这里；再看水，水是怎么放在讲台上的？你看，要会观察，要有眼力，看清楚了吗？你说讲台上放着沙子和石头，不行。

生：讲台上放着沙子和石头。（沉默不语）

师：怎么说才能说清楚？这里有一个观察顺序的问题。你看看，这是——

生：一杯水。

师：是半杯还是满杯，说清楚。这是——

生：一半杯。

师：这是——

生：一满杯。

师：这是——

生：空的。

师：空的什么？

生：空的杯子。

师：你看，首先，要把看到的东西说清楚。刚才讲台上放着什么？这些是不是？（指着讲台说）看清楚了吗？

在上面的教学活动中，法根非常注重学生的仔细观察，不能目中无物或者视而不见，一定要让学生看清楚桌子上放的三种物品和杯子里水的多少为止。当学生说不出观察结果时，他提醒学生注意观察顺序。这样，学生按照一定的观察顺序能介绍自己的观察结果了，就会言之有物、言之准确、言之具体。法根的引导之术实在是"高"！

有个不常用的成语叫作"孔武有力"，出自《诗经·郑风·羔裘》："羔裘豹饰，孔武有力。彼其之子，邦之司直。"意思是很威武且很有力量。年轻的法根给人的感觉是柔弱的，但是，他的作文教学却是"有力"的，用"孔武有力"来形容他的作文教学的改革应该是恰当的。

二

常言道："拳不离手，曲不离口。"当年，中小学一般是两周一次作文课，这显然不利于学生写作能力的提高，加强课外写作是必须的。我在作文教学中就尝试了"每周一文"的实践，要求学生每周写篇随笔性文章，可以叙事，可以议论，可以抒情，内容不限，问题不限，字数不限。不谋而合的是，法根也要求高年级学生写好课外作文。而他的课外作文，具有创造性，他将其命名为"循环日记"。

"课内素描作文，课外循环日记"成为法根的双轨作文教学改革研究课题。

法根探索的循环日记，形式上让人耳目一新，更重要的是，它是一个整合了"读""写""评"等作文诸多要素的系统工程。

循环日记以学习小组（5~6人）为单位，每周围绕一个主题轮流记日记——第一个写的人除外，其他人在写日记之前，必须先看前一个人写的日记并写下评语。一周结束，交给教师批阅。小组长每周一总结上周日记，写一篇简单的回顾性文章。班级每周评出最佳日记小组，把好的日记在班级朗读、评析、展示。

有人曾经开玩笑说，学生有"二怕"，一怕周树人，二怕写作文。无论是中学还是小学，解决学生的"怕"，都是第一要务。古人说"情动而辞发"。作文，首先要激发学生写作的动机。法根分析了小学生的作文能力，认为其概括起来主要有两种，即产生文章思想内容的能力和表达文章思想内容的能力，而前一种能力的培养是写好作文的关键。

小学生缺乏产生文章思想内容的能力，主要表现为对丰富、充实的生活不留心观察，只停留于表面的浮光掠影，因此常常苦于无话可写、闭门造车。认识到这样的现状，法根创新了课外作文的形式。他告诉我："循环日记在循环传阅中促使学生仔细阅读其他同学的作文，从中受到感染，得到启发，叩开了生活的大门，也就打开了作文的活水源泉，不断产生作文的思想内容，作文的思路才真正打开了。"

当时，法根班里有个名叫杨佳浩的男孩，门门功课都挂红灯，让老师们伤透了脑筋。班级开展写循环日记活动，孩子们自由组合，五到六人一组轮流写。全班没有一个小组愿意接纳他。法根对他说："来，老师和你一起写。"于是，他俩用一个日记本，今天你写一篇，明天我写一篇。起初，他让佳浩照着自己的日记抄；抄着抄着，佳浩也能模仿着写了。

一次，他在佳浩的一篇日记后面，一口气提了12个问题。佳浩一个一个作了回答，连起来一读，居然就是一篇真情实感的好文章。就这样，他们用笔在本子上说了整整一年的"悄悄话"。

有一回，法根出差回来，看到佳浩在日记本上写了这样一句话："薛老师，这几天你不在，我就像花瓶里的花——没根了！"法根惊喜万分，把这句话写在了黑板上，让全班同学朗读欣赏，并给予佳浩一分钟热烈的掌声。那哗哗哗的掌声，经久不息。佳浩潸然泪下，流过心灵的是浅浅的欢喜和久久的幸福。

毕业那一年，他在佳浩的纪念册上留了这样一句话："有根的花开得长久，迟开的花一样鲜艳。"

为了更好地发挥循环日记的作用，法根加强了对学生循环日记的指导和管理。认真阅读每篇日记，并有针对性地写好评语；做好循环日记的评比，每周评出优秀循环日记若干篇，在全班朗读、展示，对组织得好的小组授予"最佳组织奖"。他还发动家长积极参与，让家长也试着看一看、写一写、评一评，扩大学生作文交际的范围——作文的"交际"功能，是法根在研究中提出来的，是对作文功能的一种发掘与创新！

班里有个学生的作文，通篇只有一个标点。在一次循环日记中，小组的五个学生读后分别写下了自己的意见："我把你的作文给我爷爷看了，他说这是一篇'古文'，我希望你改一改。""标点符号不可少，缺了不得了，请你赶快补上去，也许是篇好文章。""我看完后才发现这是一句话，不是一篇作文。""我一口气读完了这个长句子，差点儿憋死。不信，你读读。""我替你加上了标点,读起来就舒畅多了,以后可不要小看了这些'小逗点'啊!"有善意的批评,有诚恳的劝告,有友爱的帮助,这个学生看后深受教育,在日记中表示一定改正。几个循环之后,在小组同学的多次督促下,他的作文终于文从字顺了。

法根的循环日记取得显著的效果,就像他的循环日记是一个系统一样,法根也善于系统反思、总结。他通过概括,提炼了循环日记的价值:"彼此借鉴,打开了作文的思路""相互评阅,提高了作文的责任感""以文会友,尝到了作文的乐趣""师生合作,提高了差生的积极性"。他基于循环日记实践而撰写的论文获得了江苏省"教海探航"征文竞赛的一等奖。

选择作文教学进行改革实验,法根抓住了小学语文教学的"牛鼻子"。他的"课内素描作文,课外循环日记"的探索,对作文教学中几个重要问题进行了探索,包括写什么、怎么写、怎么改,还包括怎么交际,等等。法根三十年前的实践探索,现在来看一点也不过时。他教学研究中的创新意识、整合方式,其实是组块教学思想形成的滥觞,组块教学之"组"的实质就是一种"整合"。

法根,孔武有力!

模仿的力量

胡适说过："凡富于创造性的人必敏于模仿，凡不善于模仿的人决不能创造。"叶圣陶也说过："艺术的事情大多始于模仿，终于独创。"模仿产生独创，法根语文教学的独创就来自模仿。

模仿，是人的一种成长方式。从牙牙学语，到蹒跚走路，乃至做事做人，无不从模仿起步。早期，法根的作文教学，就是模仿贾志敏老师，学他的一招一式。

20世纪90年代初，吴江乃至苏州教育还相对落后，身边没有名师可以让大家请教，法根不知从哪里找来李吉林、于永正等名师的录像带，一遍遍对他们的教学进行揣摩。尤其是"素描作文教学代言人"贾志敏老师的课堂录像，更是成了他的当家宝贝。他拷贝了3盘《贾老师教作文》的录像带，如获至宝，每天下班回家，第一件事便是看"贾老师教作文"。贾志敏老师的"学写作文并不难""怎样遣词造句""在生活中捕捉作文的材料"等20节作文课，他看了一遍又一遍。一盘录像带，要看五六遍。家里新买的一台录像机，不到半年就出了故障。

于是，贾志敏的课一堂堂被法根搬到了课堂上。"我那时候把贾老师的好多精彩语句都背下来了，不管三七二十一，能在自己课堂里用的，就用在自己课堂里。"法根说。

模仿的关键是要找到名师的教学规律。法根说："模仿，关键是要敏于发现别人的长处，尤其是要虚心学习和用心研究名家的教学艺术和教学思想。"法根从录像中细心揣摩贾老师点拨、评价、激励等语言艺术的精妙之处，提炼作文教学的技巧和要领。

法根从贾老师"句子的意思要表达清楚"一课中，明白了用生动有趣的例子揭示写作的秘密；从贾老师"作文要有具体内容"一课中，知道了可以用师生合作表演的形式再现故事的现场。法根还发现，贾老师的耳朵似乎特别灵敏，学生一念作文，他就能捕捉到遣词造句中细微的差错，不失时机地加以点拨、修正。

每当发现贾老师教学的诀窍，法根都兴奋不已。细细琢磨之后，便跃跃欲试，将贾老师的作文课移植到他的课堂上，"依葫芦画瓢"，逐节模仿。起先有点生硬，不太自然；慢慢地，得心应手；后来，上得越来越有滋味。贾老师那一招一式背后的作文教学思想，也不知不觉融入了法根的思想与言行中。像贾老师那样上课，本来沉闷枯燥的课堂变得活跃了，本来笨嘴拙舌的学生变得口若悬河了。俨然，法根成为翻版的"贾志敏"。

可贵的是，法根认识到，模仿追求的不应该是"形似"，而是"神似"。他在借鉴名师的成功经验时，在模仿运用中，体会名师教学中蕴含的理念和规律，达到一种"浸润"的境界。

"功夫不负有心人"，1993 年，法根在泰兴举办的江苏省"教海探航"征文颁奖大会上，上了一堂素描作文课"奇妙的魔术"，获得了在场听课教师的一致好评。当时听课的斯霞老师也连连点头。

后来，与贾老师神交的法根，终于见到了贾志敏老师，他们成了莫逆之交。贾老师听了法根的课后，情不自禁地说："我喜欢薛法根的课！"

对此，法根深有体会地说："模仿，不是邯郸学步，而是要善于把别人的经验、'巨人'的理论移植到自己的教学实践中，为我所用，融化成自己的东西。模仿，最终是要学会自己走路，走自己的路。" 是的，模仿是一切创新的源泉，并不是直接复制粘贴，而是把别人的方法、技术、策略融会贯通，然后再去优化和完善，形成自己的风格与特色。

如果说模仿贾志敏成就了法根的作文课，那么模仿中的"嫁接"则成就了他的阅读课。

1995 年前后，在阅读教学上，法根善于发掘文本的教学价值，善于对教学内容进行重组，设计出块状的教学，令人耳目一新，但是还没有确切地提出"组块教学"这一名称。

一次，从《阅读心理学》中，法根接触到了美国心理学家米勒的"组块原理"。他试着将这个原理迁移到学生的词语记忆上，将课文中的词语进行归类，每一类有 3~4 个词语；一类词语为一组，每次默写 3~4 组词语。果然，学生的记忆能力提高了。

"组块原理"可以用在词语教学上，是否也可以用在阅读教学上，做一次美丽的"嫁接"呢？1999 年，法根准备执教公开课《螳螂捕蝉》，备课时发现这篇课文故事里套着故事，字词学习、对话朗读、故事复述、道理阐释等，要教的内容就像满地的珍珠，舍弃哪一个都很纠结。

冥思苦想之际，米勒的"组块原理"引发了"组块设计"这个概念，法根顿时眼睛一亮：这个"组块原理"不就可以移植到语文教学上来吗？一篇课文中这么多的内容，学得多忘得也多，何不重组、整合，形成一个个的"板块"呢？以往的"线性"设计，内容芜杂，塞满课堂；组成"块状"后，一堂课呈现 3~4 个板块内容，目标更加集中，内容更加简要，"顾此"

却不"失彼"。

于是，法根立刻构思出一个"组块设计"，设计了三个组块：第一个组块，学词串，讲"螳螂捕蝉"的故事；第二个组块，读对话，演"少年劝吴王"的故事；第三个组块，写"画外音"，悟"螳螂捕蝉"的寓意，让学生为表演的故事配写一段"早晨花园"的景物描写，再合作演绎故事。三个组块紧紧围绕"语文能力"这个核心，前后贯通，"听、说、读、写"融为一体，简单明了，便教利学。

之后，法根以板块设计教学，以组块实施教学，经过"组块"之后的课堂，就像用水洗过一样，干净、简洁，教得轻松，学得扎实，赢得一片赞叹。

由"模仿"到"嫁接"，"组块"从心理学的记忆单位到语文教学设计方法，进而成为语文教学的一种模式、一种思想，创生出了"为言语智能而教"的"组块教学"，成就了一位语文教学名家。

法根的组块教学研究取得了成功，许多教师也来学习他的教学方式，模仿他的教学。法根是清醒的，机械的模仿不可能取得成功，于是，他告诫大家："学我者生，似我者死。"

法根深知，教学的本质在于创造，而非简单复制。组块教学思想与理念可以相同，但实践的样式和风格，却应该保持每个人的独特性与唯一性。他希望他的组块教学团队"听得到不同的声音，看得到不同的风格，让每一个人都成为他自己，而不是刻印出来的'模子'"。于是，沈玉芬老师从联结性学习出发，建构了自己的"关联教学"理论；王晓奕老师从教与学的关系出发，提出了"适性教学"主张；徐国荣老师积极践行"言语形式教学"……法根让人们欣喜地看到了每一个人成长的足迹，他的徒弟从简单模仿走向自我建构，从模仿中找到"自己"。

　　每位教师都有属于自己的成长故事，而在法根的成长历程中，"模仿—融合—创新"是最基本的方式。

通 天 塔

如果真的有"通天塔"，那么，它绝不是虚幻的存在，它应该在人的心里，是来自人强大的内心力量。挫折、失败、至暗时刻，这种力量指引着人们追求的方向，一路艰辛地盘旋，奋勇涅槃。

在人们的眼中，法根是个幸运儿，成功总是垂青于他。殊不知，法根在人生追求中，面对过一次次的失败，他之所以最终能够取得成功，是因为他有一个座右铭："在哪儿跌倒，就从哪儿爬起来。"

1990 年秋，在一场江浙沪两省一市教育综合改革现场会上，法根承担一节作文课的教学展示任务。为了上好这堂课，法根去了上海市浦明师范附属小学，学习特级教师贾志敏的素描作文课，准备设计一节类似的素描作文课；学校邀请了教科研的专家指点迷津，这些专家则认为，根据四年级教材要求，应该上一节想象作文课。

素描作文重在观察、描写，想象作文重在想象、叙事。两个思路都有新意，都合理。于是法根把两个思路合二为一，以绸都三座织女塑像为写作对象，先组织学生观察、描写塑像的形态，然后再组织学生根据塑像想象、创编故事。

出乎意料的是，课上砸了，被专家、同行定性为"非常失败"。年轻的法根涨红了脸，恨不得地上裂条缝让他一头钻进去。法根难过得几天睡不好觉。

"从哪儿跌倒，就从哪儿爬起来。"农家出身的法根，天生就有一股韧劲，他非要在作文教学上搞出点名堂来，非要上出令人满意的作文课来。于是，他一头扎进了作文教学研究，开始了艰苦的跋涉，去寻找那"通天塔"。

反思的时候，法根归结为自己设计有问题，我倒觉得根本原因在于，在众多专家的指导下，法根迷失了自己。模仿也好，借鉴也罢，一定要结合自己的个性。法根从这次挫折中吸取教训。他根据自己作文教学的特点及学生的实际，把"课内素描作文，课外循环日记"作为当时作文教学改革的切入点，渐渐地，他的教学有了底气，学生有了灵气。在实践中，他不仅学到那些大家的真传，而且慢慢有了自己的东西。

于迷失中找到自己，于失败中走向成功，这才是法根的"通天塔"。

1997 年前后提出的组块教学，也是法根教学个性化的提炼。是时尽管暂时没有找到理论依据，但是组块教学的效果、效益、效率证明这是有生命力的教学模式。后来，随着组块理论的引入，组块教学的影响越来越大。但是也有学者认为，组块的视角比较狭隘，命名土又不敞亮，建议改名字，对此我一直不敢苟同。组块教学是法根首创的，组块已经成了法根的代名词，如果换了，就不是法根的了，所以，被认为土掉牙的组块教学的命名，法根一直坚持到现在：有个性才有生命力！

成为特级教师后，法根的课也不是顺风顺水。有一次，法根到某地上公开课，请学生朗读课文。第一个学生带着"读书腔"认真地读了一遍，法根不满意；第二个学生也带着"读书腔"极其认真地读了一遍，法根更不满意；想不到的是，第三个学生依然如此。法根汗如雨下，也来不及过多引导，终是无可奈何尴尬收场。

学生屡次以"学生腔"的方式朗读，一般上课者都会归结为这个班级学生的朗读已经成为一种定式，是学生的问题，也是这个班任课教师的问题。但是，法根则不然，课后，他反思自己在课堂上没有充分地引导，反思自己没有做好示范……之后，执着的法根专门研究了朗读及朗读教学，提出了破解"读书腔"的几种妙招：示范读，让学生听到纯正悦耳的朗读；模仿读书腔，夸大那个令人难受的腔调，令学生醒悟、改正；用读词、读词组、读词串的方式，帮助学生掌握停连及转换、重音及转移的朗读技巧，从源头上纠正"读书腔"……

可贵的是，法根不仅找到了失败的原因，还想到了不止一个对策。法根说："当你面对同一个教学问题有 100 个破解的方法和策略的时候，你就会拥有那种淡定和悠闲的气度，你就会在不经意间闪现教学的智慧。"

败走麦城并不可怕，可怕的是重复败走麦城。面对失败，真正的失败者常常为失败找借口，而成功者却往往从失败中找原因，让失败成为破解难题的素材，为揭开教育的规律提供契机。法根就是如此，因此，失败也能成为他的"通天塔"。

2004 年，法根担任盛泽实验小学校长，后来又成为集团的总校长，这 20 年也一定不是顺风顺水的，会有困难，会有挫折。

分管教学的我，经常往学校跑，也经常听到校长身份的法根的诉苦：临近开学了，还缺那么几个教师，怎么办？生源暴增了，教室又不够了，怎么办？一个年级办到 20 个班，超大规模学校的管理要平安、稳定，怎么办？新建学校，本想建个空中科技花园，暂时经费不到位，怎么办……我知道，面对很多的问题，法根也无可奈何、无能为力，但是，执着的法根、智慧的法根，总能找到合适的办法化解这些难题，把集团、把集团的每一所学校，引上"通天塔"，成为有质量、有特色、有品位的集团和学校。

在 20 年的校长岗位上，法根为学生的发展、教师的发展、学校的发展、集团的发展呕心沥血，把自己的身体也搞垮了，组织上曾强制他休养一个学期。学校也好，集团也罢，需要顺应形势进行改革，改革难免会有不同的声音。因此，有人就向上级匿名告状。对此，法根很淡定，经过组织的实地调查，澄清了事情原委，证明了他的清白。2012 年，吴江区教师节庆祝大会在盛泽实小召开，市领导专门为组块教学研究所揭牌。

2019 年，《人民教育》以"薛法根：校长的品格、人格决定一所学校的气质"为题，采访薛法根，探索他的为人之道、校长之道。

一路风雨兼程，一路颠簸向前。法根面对挫折乃至失败的态度和行动，启示我们：一次的挫折或失败，就像滋润花朵的雨露，几次过后，必然会开出美丽的成功之花，成为人生路上的"通天塔"。

2

新竹高于旧竹枝

从"获奖专业户"到"获奖专业校"

资深教育媒体人丁昌桂曾总结："名师是写出来的！"这是普遍性真理。

20 世纪 90 年代，法根是有名的论文"获奖专业户"，他就是在"写"中成长起来的。

99% 的教师所写的 99% 的文章，都是在工作中被"逼"出来的，法根也不例外。参加工作的第一个月，校长找到法根，让他写一篇学校德育工作的总结，要在全县德育工作会议上交流。面对一大堆学校德育工作的材料，法根找不到头绪，东摘西抄，拼凑了一篇文章。教育局一位副局长梳理了他的文章，提炼了"三重""四化"，一下将一团乱麻的文章修改得有模有样。回忆那次经历，法根满是感慨地说："原来写文章要站得高、看得透、抓得准，要能从习以为常的事务中，发现工作的特色亮点与价值意义，用一种结构化的表达方式呈现出来。"

法根从不会写到成为"获奖专业户"，是以研究为基点的。他的教育写作融读书、思考、写作于一体，是"仰望星空"的自觉和觉醒，更是"脚踏实地"的实践和探索。

在绝大部分中小学教师还不知道教育科研的时候，法根就参与了教育实验，参与了课题研究。1990 年，上岗仅两年的法根就参加了学校整体改革试验，担任了第一轮实验班的语文教师兼班主任。从此，他跟着华东师范大学杜殿坤教授、上海师范大学吴立岗教授等专家，投入了教育研究的滚滚热潮中，成了他们的"编外研究生"。

1993 年，第一届实验班学生毕业，法根所任教班级的语文成绩比对照班高出整整 9 个百分点；学生思维能力检测明显高于对照班的发展水平。法根自己也在实验中获得了快速成长，1991 年开始参加《江苏教育》杂志社主办的"教海探航"征文活动，连续三届获得江苏省"教海探航"征文竞赛一等奖（当时未设特等奖），被誉为"获奖专业户"。

看来法根获奖不是偶然的，那是他研究、反思、提炼、写作的必然结果。

一线教师的文章，不在于有高深的理论，而在于扎实的实践，要经得起别人的质疑，也要经得起应用的检验。课堂教学改革，教学方法创新，一直是法根孜孜以求的重点，也是他教育写作的源头活水。对于课堂，他对我说："如果有人问我哪一堂课最满意，我会毫不犹豫地回答 1993 年上的作文课'变魔术'，因为这是我第一次在省级活动中上的公开课。那个上课的情景，那个激动的场面，至今难以忘怀。我还清楚地记得那个摄像的老师夸我说'我拍了这么多年的录像，你的课最精彩'。"那年"教海探航"征文的主题是"我最满意的一节课"，法根写的就是自己上素描作文课"变魔术"的实况，获得了一等奖。

"自己做过的东西，写起来也就丝毫不费劲，用不着冥思苦想。"法根这样认为。

法根就是这样，把教育实践与教育写作融合起来，30 多年来，写文章和教语文成为他最喜欢的两件事。他甚至认为，会写文章，是一位语文教师的必备能力，也是一位优秀教师的基本素养。他说："其实，这两件事是一回事，文章写得好，语文也就教得巧。"真正的好文章是"做"出来的，尤其是教学文章，来不得虚构与夸张。否则，终究会成为文章的"巨人"、实践的"矮子"。

我们知道，为了上好一节课，教师要付出许多心血；而写作，则是将这些心血及时记录下来，并呈现为三件作品：教学设计、课堂实录及教学反思。每一件作品都记录了一段真实的教学经历，也再现了一位教师的成长历程。2014 年，教育科学出版社出版了《薛法根教育文丛：为言语智能而教》《薛法根教育文丛：现在开始上语文课》《薛法根教育文丛：做一个大写的教师》……其中将近一半的内容与"课"有关，30 多个经典课例，阶梯式地呈现了法根组块教学研究过程中的阶段成果。

对于法根的教学及研究，我最佩服的就是他的课。他到全国各地上课、讲学，任何文体的课，诗歌、散文、小说、议论文、说明文等，他都上，信手拈来，淡定而出彩。正是有课堂教学实践的底气，他的教育写作"为有源头活水来"！

如果做一个粗浅的统计，我们会发现，21 世纪初，法根发表了较多课堂实践类文章。他不满足于写教学设计、课堂实录和教学反思这些经验性的文章，善于"挖井"，提炼自己在教学实践中发现的规律。2019 年，《人民教育》发表了他的《小学语文组块教学的实践研究》一文，文章系统地总结了他的组块教学理论思考与实践探索，是他的代表性论文。关于他的组块教学的核心理念，文章这样表述："语文组块教学以'内容的重整转化'撬动'教学的深度变革'，聚焦教与学的关系和方式，重塑师生的教学生活，其核心理念是共同织造完整的语文生活。"如果与之前他的相关文章的表述做比较的话，我们会发现，这段文字更简洁、更清晰、更精准，那是在他实践的基础上反复思考、反复探究而形成的认识。用他的话来说："写成这篇文章我用了 20 多个小时，但是研究这个课题，我用了 20 多年时间。"

我曾经问法根教育写作的诀窍，他说："我一不'抄'，二不'借'，三不'偷'，只用了一个最笨的办法，就是'记'。"他习惯在笔记本上列提纲、写草稿，这种用笔思考、构思的过程，可以让他看到思想的产生过程。他的教育思想就这样在涂涂改改中日渐成熟、日益丰满，想通了、想透了，便有一种豁然开朗的愉悦感和满足感。

在表达上，法根喜欢用自己的方式写文章，说自己的话，写自己的句子。读法根的文章，你会发现，他的文章很少有引用，他写自己的课例，写自己的分析，尽可能不引用他人的文章，没有那一长串的参考文献。他说："如果写文章也是一件快乐的事，如果作者能顺着自己的思路来想，按照自己的样子来写，随心所欲不逾矩，那么这是一种写作的境界，也是一种思想的境界。"

法根的"写"既是写，又不是写！

法根是实践的巨人。他不仅自己研究和写作，还带着一个教育研究与教育写作的团队，这个团队的成员在他的影响、指导下成长，他所在的盛泽实验小学也成为"获奖专业校"。

"薛法根老师，无论什么时候，都在用一种无形的力量，

那棵树 那座山

向我们传递着一种信念：一个人，要成为最好的自己。"法根的徒弟沈玉芬说。2009 年，薛法根语文名师工作室成立了，沈玉芬老师作为盛泽实验小学的语文骨干教师，成为工作室的一员。2010 年，她的一篇题为《把平淡的内容教得风生水起——以"言语教学"为核心的有效阅读教学策略》的论文参加江苏省"教海探航"征文竞赛，获得二等奖，专家对其的评价是"薄"。为了增加"厚"度，在师傅法根的指导下，她认真研读陌生化理论，在陌生化理论与阅读教学相融中探索小学阅读教学的实践策略。2011 年，她以一篇题为《陌生化理论在小学阅读教学中的实践研究》的文章再次参加"教海探航"征文竞赛，获得了一等奖。之后，在薛法根老师的指导下，她将"联比与阅读教学"作为研究的重点。2012 年，《联比：基于儿童视角的阅读教学策略》一文让她再次获得"教海探航"征文竞赛一等奖。在随后的两年多时间里，沈玉芬老师沿着这个研究思路，基于教学实践，并在课程论、教学论和心理学的领域做更上位的探索《整体思维在小学阅读教学内容研制中的策略研究》《语文联结性学习：建构"学的内在秩序"》两篇论文分获 2013 年、2014 年"教海探航"征文竞赛特等奖。

沈玉芬在江苏省"教海探航"征文竞赛活动中也成了"获奖专业户"，2014 年，她也登上了特级教师的荣誉殿堂。这个团队中，徐国荣、王晓奕也先后成为特级教师。一所乡村学校，一下涌现四位语文特级教师，那是一个奇迹，也印证了"名师是写出来的"。

法根深知，好文章是改出来的。他对自己的教育写作过程做了提炼，概括为"一文三改"，并作为盛泽实验小学青年教师的"四项基本功"之一。

一改：写完自己先改，之后小组讨论修改；

二改：学校教科室评选、修改、审稿，择优刊登在校内刊物《舜湖教育》上；

三改：学校请专家指点，如省内外名师、《江苏教育》等杂志社编辑部的专家老师、教科院和教研室的学者专家等，从选题、构思、行文等方面进行指导，再仔细推敲，反复修改。

音乐教师马晓菲，就经历了"一文三改"的过程。

有一年，《江苏教育》杂志社的编辑问她："你的文章有什么新意？有人研究过相似主题吗？理论和实践案例充分吗？"几个小提问，让马晓菲汗颜。之后，她在编辑的帮助下修改文章，光题目就改了三次：

文章原题叫"把耳朵叫醒"，第一次改成"用音乐的耳朵感悟音乐语言——儿童音乐实践活动之本"，第二次改成"让音乐把耳朵叫醒——浅谈如何让儿童学会倾听'音乐语言'"，第三次敲定为"把耳朵叫醒——用'音乐语言'唤醒儿童的另一种听觉"。

那棵树　那座山

内容上，第一次修改，以问题为导向展开论述，辅以具体的策略；第二次修改，以诗意化语言展开，文章更有可读性；第三次修改，随着新案例的加入及她的深度思考，论点和论据新颖可靠，给人一种探本溯源的新奇感。文章终于修改成功，并获得了"教海探航"征文比赛特等奖。

一文三改，像磨课一样去磨文章，完成一篇等于人家完成10篇，高浓度地呈现作者的实践和认知，之后就可以举一反三，把写作当快事。

最让人感动的是，法根亲自为青年教师做有关教育写作的讲座，手把手地教青年教师确定主题、编拟提纲，还不厌其烦地逐字逐句帮教师修改文章……

正因为法根重视教师的教育写作，在历年的"教海探航""师陶杯"等重大比赛中，盛泽实小成绩喜人。仅以2011到2014年学校参加江苏省"教海探航"征文竞赛的成绩为例。2014年参加江苏省"教海探航"征文竞赛有14人获奖，其中获得特等奖和一等奖的就有6人，并获"优秀团队"奖。

法根说："文章就是一面镜子，可以映照一个人的精神面貌和思想底色。"教育写作不可不为，真正行动并坚持下来后，我们就会进一步发现：教育写作大有可为。只要是为了教育而写作，为了专业素养的不断提升而写作，为了学生的成长而写作，教育写作就是一件快乐而美好的事情。

让同伴更优秀

与法根接触的人，都有一个深刻的感受，就是法根的"真"。

法根的"真"，体现在为人特"真实"上，即使是初次接触法根的人，在与他交流、交往的过程中，也会觉得他的"真"没有半点虚情假意，没有一丁点儿伪装。

法根的"真"，体现在对人的"真诚"上，只要他觉得在自己能力范围可以帮助你的，他一定全力以赴，好人做到底。所以，求法根帮忙，一准"行"！

法根的"真"，体现在他有博大的胸怀上。他视他的徒弟、同事，他工作室的年轻人，组块联盟学校的教师为自己的"同伴"，他真诚、真心地希望这些"同伴更优秀"，并为此付出了努力。

"一名伟大的球星最突出的能力就是让周围的队友变得更好。"这是法根最喜欢，也经常引用的迈克尔·乔丹的话。法根说："教育是一群人才能做成的事业，单打独斗难成教育的大事。抱团发展，是教师专业发展的智慧选择。"

　　法根的胸怀来自他一直以来对自己清醒的认知。他这样说过："组块教学始于1997年，最初是我一个人的执着，留下的仅仅是几个不深不浅的脚印。一群人、一个团队的执着，留下的就是一条清晰可见的教改之路。"这不仅仅是他的谦虚，更是他对组块教学这一教学改革推进和深化策略的选择。

　　2004年起，法根在桂林市象山区建立了组块教学联盟，先后有崇善小学、平山小学、回民小学及宁远小学加入联盟，200多位语文教师成为团队的研究伙伴；2009年，组块教学名师工作室、组块教学研究室等专业团队成立；2013年，江阴市成立组块教学研究工作站，由20多位骨干教师组成新的研究团队……如今，实验学校已经有180多所，研究工作站有12个。法根与伙伴从单篇教学到群文教学，从单学科内容的纵向建构到多学科内容的横向融合，从着力于组块教学方法的运用到着力于联结性学习方式的转变，从致力于教学内容的重组到致力于语文课程的建设，从备课方式的变革到教研方式的转型，进而到语文教师发展的专业转向……

　　2012年，组块教学课题立项为国家社科基金教育学一般课题，那可是当年基础教育界两项课题之一，足见其研究的价值。2013年，组块教学研究成果获得江苏省基础教育成果特等奖。2018年，组块教学研究成果获得第二届基础教育国家级教学成果二等奖。

对此，法根却把成果归功于团队："一个人，纵有三头六臂也无法做得成这么多的事，更无法实现如此巨大的改变。"

正是有了这样的胸怀，法根能把身边的人凝聚成一个团队。为了让团队中的"同伴"变得"优秀"，作为这个团队的"首席"的法根有句名言："把梦想'卖'给每一位教师。"

法根说："我没法给教师更多的金钱，也没法给教师更高的地位，我只能给教师更美的梦想。"

法根曾经启发一位语文教师：如果你每个星期教学生背一首唐诗，六年后就能让班级里的学生熟读《唐诗三百首》，走出校门的时候，他们的气质、他们的底蕴、他们的修养，和其他班级、其他学校的学生还会一样吗？如果你每天教会学生背诵一句《论语》，六年后就能让你的学生带着一部《论语》走出校门。俗话说，"半部《论语》治天下"，你想，他们将来会成为什么样的人？这位语文教师的眼睛一下子亮了！后来，这位教师和其他教师一起做了大语文教改实验，先后编写了几本校本教材，成了经典文化的传承人。

法根曾经带团队到一个青年教师家里去访问。这位教师在学校里不是很突出，但是人很老实。到他家时，他家里所有人，包括他的丈人、丈母娘、爸爸、妈妈，都很严肃地坐在那里。因为是校长来了，很重视。那位教师的家人第一个感觉是，是不是在学校里出问题了。法根告诉那位教师的家人："某老师工作很认真，学校交给他的工作再累再苦都能够按时完成，他是学校的宝贵财富。"那位教师的家里人非常激动。家访使这位教师的整个家庭都觉得自己的亲人在学校里是被重视的人，最后表态，只要他努力，全家人都会支持他。这位教师从此像换了个人似的，后来发展得很好，学科教学非常优秀。

法根说："最重要的就是要把火点燃，每位教师的潜能都是无限的。"

教育实际是一种成全，成全学生，成全教师。在法根的心目中，每位教师都想成为好教师，就像每个学生都想成为好学生一样。因此，他让每位教师都定一个小目标，只要想实现这个目标，学校就尽可能提供帮助。作为校长，法根为每个特级教师后备人选都进行了专题策划，根据学科发展特点、目标定位，帮助他们提炼教学思想、教学特色，引导他们朝着各自的目标奋进。

教师在发展的过程中，会遇到很多瓶颈。法根说："作为校长，一定要站在教师的角度思考他需要什么、我能提供什么帮助。"

他认为首要的支持，并不是专业，而是能力。教师遇到个别令人头疼的学生，缺乏的是心理辅导技术。法根便组织班主任和辅导员用了整整一年的时间去学心理健康教育。48个专题课程，一年下来，120位教师有78位顺利取得苏州市心理健康教育教师资格证。法根利用自己的资源，邀请众多的教育教学专家，和教师面对面地交流、对话，杨九俊、成尚荣、彭钢、王荣生等教育专家都深入盛泽实验小学，为教师们指点迷津。

在教学上，一般人看不起技术，但实际上教师最缺乏的就是专业技术。这节课的活动怎么设计、怎样提问，看似细小，但如果办法太少，教师便会产生焦虑感、无力感。法根认为，任何艺术的背后，都有技术支持，这叫工匠精神。所以法根有一个观念，不做教书匠，但工匠精神是需要的。于是，法根提出了新的教师"四项基本功"：一课三磨、一书三读、一题三讲、一文三改。

如语文的"一课三磨"，就是同一位教师讲同一篇课文，在不同的班级上三次，每一次重点解决一个问题：一磨，重在文本解读，确定教学内容，精简教学目标，让课堂变得更纯净；二磨，重在教学活动的创意设计和艺术整合，并选择与之适切的教学方法，让课堂变得更有效；三磨，重在教学过程的调控和生成，磨炼及时应对的教学机智，让课堂变得更灵动。每一次磨课，团队伙伴都从不同的观察视角，提出改进的意见和重构的思路，时时带来新鲜与惊喜。磨课的过程是艰辛的，但充满了成长的快乐。之后，法根他们又尝试了三人教一课，同题异构；一课三教时，让教学更有推进感；一课三学段，厘清学段界限。一课三磨，带来的是课堂的变化，更是教师们思想的变革。

再如"一书三读"。法根胸藏诸多经典，却几乎不给教师开书单，根本原因在于大家没时间读。基于这种现实，他提倡"实用型"阅读，一本厚厚的理论专著要在教师眼中变换成一本工具书而已。他告诉教师："你想认识教育的问题，可以读《反思教育：向'全球共同利益'的理念转变？》；你想认识课堂的本质，可以读《学习的本质》《读懂课堂》；你想了解什么是儿童观，可以读《儿童立场》……"这种实用主义，给教师的成长指明了方向。他告诉教师：书不在多，重在精读。一年读一本就够了，关键是要至少读三遍，把它读透。

法根开阔、宽广的胸怀还体现在他敢于让别人超越自己，让别人打破自己形成的固有的思想观念。有一年，在确定集团校的新校长时，法根选择了时常和自己唱反调的人。我问法根原因，法根说："因为她非常具有叛逆精神，老是反对我，行政会上顶撞我，讨论课上也顶撞我，她不迷信我、不盲目崇拜我，这样的人将来就有可能开辟出另一片天地。如果沿着我的路走，你只能在我的思想下面，你不可能突破我。"这是多么宽广的胸怀啊！

在全国组块教学实验区中，当法根发现实验学校超越了自己某方面的思考，他会非常高兴，因为他认为："一项有生命力的研究或事业一定是不同的人从不同的角度去开掘它，这个事业才会越做越大！"

程开甲小学成立后，法根设计了一个"开甲精神大家谈"——师生一起到程开甲家里走访，听他讲述搞科研的故事。法根从烟雨江南风尘仆仆地赶往茫茫戈壁，拜谒程开甲先生工作过的基地，带回了两株珍贵的马兰花，种在程开甲小学的正门前。"程开甲在戈壁滩隐姓埋名 20 年，为国防事业三改专业做出了巨大牺牲。我们的老师，让你换个学科，能不能发扬程先生的自我牺牲精神呢？"法根随时搬出程开甲的"三改专业"对教师来一场"灵魂拷问"。

2019 年暑假，程开甲小学开展了一次教职工军训活动，所有人站在苏州毒辣的太阳底下暴晒，年过五旬的法根也不例外。结果第一天上午就有 20 多位教师倒下。教官说："只要晒不死就继续站军姿。"军训后，团队的精神状态大有改观。后来开会时，大家竟然主动要求站军姿暖场。

在盛泽实小教育集团，在组块教学联盟，法根就是一棵榕树，他做根的事业，长出树根，再成为一棵棵树，然后长成一片森林。

教师就是课程

2023 年 12 月 5 日，江苏省教育厅官网发布了"2023 年江苏省中小学(幼儿园)、中职校正高级教师职称评审结果公示"，吴江区程开甲小学周菊芳老师赫然在名单中。周菊芳是以综合实践课程教师的身份参评的，得知结果的她十分激动，说："作为一位曾经的小学语文老师，想不到是综合实践活动课程成就了自己；想不到数年前薛校长的'逼迫'提升了自己的课程力，他说的'你一定要把自己锤炼成为一位好教师，成为一门好课程'的要求也正在慢慢实现！"周菊芳老师的两个"想不到"恰恰是法根的"想得到"。

"一位好教师就是一门好课程"是法根关于学校课程建设的名言。

教育不直接"塑造"学生，教育需要用课程育人。关于课程，美国学者古德莱德归纳出五种不同的课程。第一种是理想的课程，是指由一些研究机构、学术团体与课程专家提出的应该开设的课程；第二种是正式的课程，是指由教育行政部门规定的课程；第三种是领悟的课程，指的是任课教师对正式的课程有所领悟而形成的课程；第四种是运作的课程，指的是教师在课堂上实际实施的课程；第五种是经验的课程，指的是学生在课程学习过程中实际上体验到的东西。

育人的"课程"需要方方面面的人来参与，不同的人有不同的参与方式。比如，教育部门颁布课程改革措施，制定课程纲要、课程标准，组织编审教材；专家和出版单位编写、出版教材；学校和教师对教材进行再次建设和开发。从实践层面来讲，教师应该有自身的课程概念和理解。那么，教师如何以课程育人？

法根的"一位好教师就是一门好课程"回答了这个问题。

法根曾经给教师们讲过这样一个故事：有位教师新到学校，接手了一个难管的班级当班主任，这位教师最开始的办法也是建立制度、进行奖惩，可是效果不好，后来就换了一种方式。新的一周开始，第一个走进教室的学生看见教师坐在讲台上捧着一本童书，旁若无人地朗读着。看到教师在读书，后面来的学生也不好意思打闹了。这样坚持了一段时间，这个班成为全校学风最好的班。

法根讲这个故事是在告诉教师应以自身育人。我想这正是法根所说的"一位好教师就是一门好课程"的含义之一。确实，在教学活动中，教师是创设教育环境、组织学习活动的主体，决定了用怎样的教学内容和方式去教学生。同时，教师把自己的言行举止和知识人格呈现在学生面前，通过以身立教和以身示范的方式去影响学生。教师是一本无字之书，他的一言一行于潜移默化中影响着每一个学生。因此，教师一定要意识到：自己就是课程。

在这方面，法根就是典范。在他的影响下，盛泽实验小学教育集团的教师们也在履行言传身教的职责。

法根的"一位好教师就是一门好课程"另一方面的含义：教师不仅仅是课程的执行者，更是课程的创造者。20世纪70年代，美国著名的课程专家施瓦布发起了一场"走向实践"的运动，提出"教师即课程"的概念。他在《实践3：转化为课程》中，提出了教师不再孤立于课程之外，而是课程的有机构成部分，是课程的创造者、实施者。

记得在2011年，我受《江苏教育》杂志社的委托，组约了一组关于学校课程建设的稿子，法根撰写了《课程领导力：把梦想"卖"给别人》一文，对盛泽实验小学的课程建设做了总结。

法根认为："课程结构决定了人的素质结构，有什么样的课程就会培养什么样的学生。"所以，盛泽实验小学以"秀外慧中的阳光儿童"为培养目标，规划了四种课程形态：

一是基于学科课程标准的嵌入式课程。这一类课程形态的目标是高水平实施国家课程，给学生奠定厚实的学科后续学习基础。比如，学校将《论语》作为语文学科的嵌入式课程，根据不同年龄阶段学生的学习水平，将《论语》设计成主题单元，嵌入 12 个学期的语文课程学习中，每学期用一到两周的时间集中学习，让每个学生装着一部《论语》出校门，既奠定学生的古文功底，又奠定学生的传统文化底子。

二是基于小组合作学习的探究性课程。这一类课程形态的目标是高标准建设综合实践活动课程。学校立足丝绸文化地域教育资源，编制了以探究性学习为主要方式的丝绸文化综合实践活动校本课程，选取了学生喜闻乐见的 24 个专题，从三年级开始，每个年级 6 个研究专题，编写成学生活动用书。

三是基于学生主体需要的多元化课程。这一类课程形态的目标是高质量实现培养目标，发掘学生的智慧潜能，为他们的终身发展找到最佳的可能性。比如，为了让学生拥有一个健康的身体，学校在一到三年级开设了轮滑课程、滑板课程、自行车课程，在四到六年级开设了跆拳道课程、形体课程、健美课程等，让学生在这样的运动中肢体变得更加灵活、身体变得更

那棵树　那座山

加健美。

四是基于校本文化资源的浸润型课程。这一类课程的目标是实现无痕教育。学校将各种主题教育节活动，如阅读节、艺术节、科技节、体育节等，加以课程化设计，从学生的自主选择、自由活动、自发生成出发，精心设计活动的目标、内容、形式，最大限度地满足学生的活动需要，最大程度地消除活动的功利性和强制性，还活动以生活的本来面目，实现课程的浸润。

这种结构的课程探索，对教师提出了更高的要求。为此，法根把提升教师对国家课程的实施能力作为教师的培养重点。法根认为，教师有"三种境界"：一是"手中有书"，能准确地理解教材中的知识；二是"胸中有法"，能有效地促进学生习得教材中的知识和技能，培育学科核心素养；三是"目中有人"，能高效地教书育人。

1995年，周菊芳来到盛泽实验小学任教。2002年，新一轮课改开始，学校安排她教语文兼综合实践活动课。"对综合实践活动这门新课程，我完全不了解，不知如何把握。"至今，周菊芳还记得当年自己的困惑。那个时候，法根给了她方向的指引："一位好教师就是一门好课程。你要有课程意识，要善于发掘身边的资源。校园里的一棵树、一块石碑都可以成为综合实践活动探究的对象。"周菊芳以满腔热忱投入综合实践活动课程。她站在学生的立场去开发课程——"从生活问题到实践主题""从主题图谱到方案设计""从活动方式到任务设计"，与学生一起开发、设计，实施综合实践活动课程，从而引导学生成为"完整的人"。她说："盛泽的每一条弄堂、每一座古桥，都留下了我和学生的足迹，学生的表达能力、沟通能力等得到飞速提高，他们的作文纷纷被各杂志录用；校园的石榴树、桂花树、银杏树，一一成为学生研究的对象，我撰写的《一棵树长成一门课程》在《江苏教育》发表。"是法根的一句话促使周菊芳以自身的课程成就了学生，也成就了自己。

南京师范大学王一军教授这样评价盛泽实验小学的课程："在盛泽实小，每一个事物都是一门课程……学生身边的一事一物，都成为重要的课程，教育丰富了，学生的发展也多样了。"他赞扬薛法根团队："为每一个学生提供适切的教育，促进学生丰富多样地发展，是智慧教育的品质追求。"

法根对于"一位好教师就是一门好课程"，做过系统阐释：

"一是好教师所拥有的思想、学识、品行，乃至特长、爱好，本身就是一本活生生的书，一本学生百读不厌的书。好教师的言传身教，就是最好的课程与教学。二是好教师往往对自己所任学科有独到的见解，他的教学是对国家学科课程的二度开发，无论是在学科教学内容上，还是在教学方式上，都有个性化的创造，带有鲜明的教师印记。比如，爱好古典文学的教

那棵树　那座山

师，他会自觉地将古诗词带入他的语文课程，丰富语文教学内容。三是好教师常常有高雅的兴趣、过人的特长，并乐意和学生分享，积极参加各类学生活动，这些活动就是好教师用自身的才华创造的课程。"

是的，如果一所学校拥有一个好教师群体，那么对学校而言是幸运的，对学生而言是幸福的！

抱团取暖

近年来，教育改革的一个重要举措就是成立教育集团，尤其是在义务教育阶段。为了优质教育的均衡，苏州各地也顺应这种改革趋势，都在积极尝试教育集团化管理。法根所在的盛泽实验小学教育集团就是其中之一。

从时间轴的角度出发，20 世纪 90 年代开始，集团化办学就已诞生。我们可以称之为"集团化办学 1.0 时代"。当时的教育集团化是民办教育为了扩大规模而实行的集团化，而 21 世纪初的集团化是因为义务教育均衡化的需要而诞生的，更多的是行政驱动。那时主要是"补差型教育集团化"。直到 2010 年，进入"集团化办学 2.0 时代"，逐渐诞生了"嫁接型集团化"办学，就是把一些相对薄弱的学校嫁接到优质的学校里。盛泽实验小学教育集团的诞生、发展基本走的也是这样的路径。

吴江的教育集团的探索萌芽于 21 世纪初，应该说是从法根所在学校起步的。

2001 年秋季，在盛泽桃园新村 2 号，盛泽实验小学将校办厂改建，一所占地 15 亩的公办民助学校——吴江舜湖学校落成，作为盛泽实验小学的特色部，吴江的第一个混合制教育集团诞生。

2006 年起，省里开展清理整顿民办学校工作，吴江教育局提出"在有教的基础上求优教，在均衡的基础上求特色"的愿景，催生了吴江公办学校教育集团。盛泽实验小学教育集团得以不断发展，而今，盛泽实验小学教育集团拥有学校 12 所，盛泽实验小学教育集团是航空母舰型的，集团的学校数量几乎是吴江区小学数量的四分之一。

这样的教育集团怎么管理？教师怎么发展？学生如何成长？……一系列的问题摆在法根以及他的后继者面前。法根于 2003 年接任舜湖学校校长，2004 年起担任盛泽实验小学兼舜湖学校的校长，对于教育集团、教育集团的管理，有着独到的见解、创新务实的举措。

法根认为，目前的教育集团，不是真正意义上的集团，也是不同于企业的集团，更多的还是共同体。也就是教育集团要进入"3.0 时代"，强调教育集团内部的共生性，教育集团化办学一定是"共生型"的。当今社会进入以人为本的时代，强调人的相互依赖性，强调集体性，也就是所谓的"共生型"。

法根说："抱团是为了取暖！"

基于此，法根一直努力把集团旗下的校区独立，因为只有独立才有可能共生，所以目前的盛泽实验小学教育集团的 11 个学校是独立建制学校，还有 1 个独立校区。也许有人会说，法人独立，而且校长都是由教育局任命，总校长不就是一个空架子，如何管理？法根很有智慧，自有他的"法子"。

法根说："集团化办学确实对校长提出了新的挑战。校长要有更宽的视野，对教育的理解要站位更高，要了解教育的大趋势。作为集团总校长，一定要有综合治理的方式或者战略性的思考。"

盛泽实验小学教育集团内部各个学校办学条件、师资、质量都不均衡。为改变这个现状，法根研究出了一个办法，叫"一带一路"：老校"带"新校。盛泽实验小学是老校，新校要传承老校的办学传统、经验。强校"带"弱校。有所学校虽然是老校但很弱，用强校来带它，通过输出师资、管理、课程，将其带起来。公办"带"民办。集团内部还有 3 所民办外来务工人员子弟学校，教学质量较差，那么就一所公办带一所民办。这条路就是共同发展，就是"共生"，就是"取暖"。

法根老家的桃源小学，地理位置偏僻，生源锐减，教育质量不尽如人意。为了振兴乡村教育，苦苦寻找"改变力量"的桃小人，获得了法根的支持。

2020年6月，桃源小学被正式纳入吴江区盛泽实验小学教育集团，盛泽实验小学是吴江第一个跨区域的教育集团，"共建共生"模式给桃源这所乡村小学注入了新的发展动力。

至今，集团派出了两任校长，而且带了骨干教师去支持桃源小学的发展。法根则亲自去上示范课，集团还搭建青年教师成长平台，开展线上集体研修，加强心理健康教师队伍建设，加入名师工作室……受益于教育集团领头学校的"传帮带"，桃源小学的办学口碑逐渐变好。

2022年11月15日下午，第二期"桃花源·好课堂"主题对话在桃源小学举行。

第一堂课："桃花源·好书房"成果展示。桃源小学秉承"用阅读打好生命底色"的育人理念，积极建设"桃花源·好书房"，将阅读与儿童的生活真正融合在一起，用阅读打造学生积极生长的生态。活动中，桃源小学师生进行了读书展示、读人展示、读物展示。

第二堂课：教师成长故事讲述。桃源小学3位教师分别从扩大学习圈、开发校本课程、坚守乡村讲述自己的从教经历，在点燃自己的同时，点亮乡村小学的今天，点亮乡村儿童的明天，点亮乡村教育的未来！

第三堂课：校长论坛。论坛主题是"振兴乡村教育"。由接任法根的盛泽实验小学教育集团总校长王晓奕主持，4位校长围绕"乡镇教育的困境""乡镇教育需要我们改变什么""我们应该怎样改变"三个话题展开有深度的讨论。

最后，进行了"桃花源·好课堂"课堂小结。法根作为盛泽实验小学教育集团名誉总校长主持活动，他指出，举办本次主题对话是在第一期振奋精神的基础上寻找改变的力量，从而振兴乡村教育。

江苏省教育厅副厅长顾月华及苏州市教育局、吴江区政府、吴江区教育局、桃源镇党委政府的领导出席了本次活动。活动规格之高、规模之大、影响之远，令时任桃源小学校长的钮永春惊喜不已、激动不已，他说："自从加盟盛泽实小教育集团，能明显感觉到老师的教学质量和整体风貌都有了很大的提升，附近老百姓对学校的满意度也大大提高。"对于未来，钮永春信心满满："我相信在集团的带领下，学校肯定会越来越好。"

关于集团总校长的职责，法根一直在探索。他认为，作为集团总校长，同管理一所学校的校长是有区别的，区别就在于赋权——权力要下放。

如何赋权？法根认为，首先要做好组织架构，盛泽实验小学教育集团有"三个中心"，通过"三个中心"充分挖掘集团内部的资源，输出资源，引导旗下学校"共生"。

"三个中心"是指集团总部设立的三个运行中心，分别由集团的副总校长和总支书记主持工作，由各校的分管校长组成核心团队，整合各校的中层管理智慧，以高效能的执行力高质量地完成集团的重要任务。

　　一是管理与文化中心，主要职责是确立集团办学思想，统一集团管理制度，指导各校发展规划，推进集团重大项目建设。法根带领团队对"培养什么样的人、做什么样的教师、办什么样的教育、建什么样的学校"等问题进行了深入的探讨，确立了"学以成人"的教育价值，形成了共同的教育愿景："培养秀外慧中的儿童，成就受人尊敬的教师，创造让人智慧的教育，建设令人向往的学校。"

　　二是课程与教学中心，主要职责是制订课程改革规划，指导学科教学研究，引领教师专业成长。他们先后成立了语文、数学、外语、音乐、体育、美术、科学、心理健康教育等8个学科课程与教学研究中心，建立了以"名特优教师"为核心的导师团，聚集学科骨干教师，聚焦学科关键问题，凸显"研究特质"，再造"教学文化"。

　　三是督导与评价中心，主要职责是实行常态教育督查，评估教育教学质量，促进办学提档升级。这个中心是一个独立机构，由党组织、工会、家长委员会和政府各部门组成的督导团，有100多人。督导团独立评价，在不通知的前提下，每个星期都到学校进行教育巡视、督查、评估。

盛泽实验小学教育集团建立"三个中心",在吴江是一个创举,其作用和价值已经显现。对于督导与评价中心的作用,现任集团总校长王晓奕说:"通过常态化的、专题的、跟踪式的督导,确保集团办学的规范和标准、每一条措施、每一个项目都能落地,如'减负'、择校、作业批改评估等问题。"

当然,在法根看来,赋权不是一般意义上的"放权"、撒手不管,集团需要建立一种制度,在盛泽实验小学教育集团就是"一议"。

"一议"是指"集团校长联席会议"。集团总校长任"校长联席会议"主席,以月度例会的方式,汇聚集体智慧,引领集团发展。对集团发展的重大事项,如"绩效工资考评方案"等,进行深度讨论和集团审议,避免"拍脑袋"造成决策失误。

集团旗下学校如何办出个性与特色,也是法根思考的重要课题。法根认为,总部校区各方面都发展得很好,都能成为样板,但是其他成员学校不一定能做到。他说:"我们希望看到每所学校都能有自己的特色、最强的领域,能在这个领域引领集团、辐射集团,这是我认为最理想的状态。"

吴绫实验小学是集团内基础薄弱的一所学校,由两所村小合并而成。法根和他的团队对它进行改造,利用农村地多的优势开发了耕读文化课程基地、农耕园,吴绫实验小学成为省级课程基地。园子建设带动了整个学校的发展，所有教师都参与课程开发，将学科教学与园子里的教育资源相结合。改造后，学校课程能够辐射集团，总部的学生也都到那里去学习相关课程。

改变一所学校最关键的是教师上好课、带好班，做好常态化教育教学研究。

集团在教师的培养上，进行精准的分类指导。对青年教师，主要是开展"一课三磨"校本研修；对骨干教师，通过开发微课题、微课程、小项目，实现专业的再提升；对名优教师，鼓励区级以上学科带头人出专著以梳理自己的教育教学经历、提炼教学主张，举起自己的一面小旗。

法根认为，集团最重要的是把教师的心凝聚起来。如何凝聚？法根说，唱好三支歌。

第一支是《在希望的田野上》。希望集团能给每一位教师、每一个学生、每一个家庭带来希望。他说："有希望，学校才有活力，每个人内在的生命才会迸发出蓬勃向上的朝气和活力。"

第二支是《爱拼才会赢》。农村学校没有丰富的资源，发展会遇到很多困难，尤其需要奋斗的精神，否则农村学校很难发展起来。在盛泽实小教育集团，敬业、拼搏的精神一代一代传下来了。

第三支是《众人划桨开大船》。教育是一群人才能完成的事业。法根深深地体会到，校长再有水平、再有能力也是不够的，一定要有一批骨干能留在学校里。盛泽实小教育集团创造了抱团发展的浓厚氛围，每个人都有很大的发展空间。

　　这样的抱团自然是温暖的，法根是给人温暖的人！

❸

嫩于金色软于丝

学校一定要好玩

"学校一定要好玩。"2016 年，程开甲小学刚建的时候，法根这样告诉建筑设计师，告诉文化策划师，告诉每一位教师……其实这是法根一贯的想法。

法根说，爱玩是孩子的天性，而好玩的学校就要与孩子的天性完美契合。他认为，好玩的学校，应该有学生撒欢儿的空间和时间。比如，学校的场所空间设计要遵循儿童生理与心理的需要，要安全、便捷、舒适、自然。

2005 年，盛泽实验小学舜湖校区落成，学校门前有一个超大的广场，应该有 8000 平方米。按照一般的思路，这个广场一定要成为展示学校文化的重要区域，要绿化，要美化，要立雕塑……我也问过法根，这么大的一个广场，为什么一点文化景观都不做？法根不假思索地说："广场是给学生玩的，建了景观，孩子玩起来就不方便了。"当时，学校成立了轮滑、武术、跆拳道等社团，这些社团的活动，如果没有一个适合孩子活动的空间，孩子就"玩"不起来了。学校的广场空间既大，还无障碍，是最适合学生自由活动的天地。到目前为止，学校广场还是那个样子，留给孩子自由活动，那里时常传送着孩子们矫健的身影和银铃般的笑声。

确实，一所好学校，首先应当是一个"好玩"的地方。那里，有不少妙趣横生、引人入胜的东西，也有很多令人流连忘返、乐而忘忧的东西。教育家卢梭说过："大自然希望儿童在成人之前就要像儿童的样子。如果打乱了这个秩序，就会造成一些早熟的果实，它们长得既不丰满也不甜美，而且很快就会腐烂；造成一些年纪轻轻的博士和老态龙钟的儿童。儿童是有他们特有的看法、想法和感情的，如果想用我们的看法、想法和感情去代替他们的看法、想法和感情，那简直是最愚蠢的事情。"从生命的视角去看学生，用学生的视角去看教育，那么，教育的一个重大任务就是顺应学生的天性，帮助他们把自身的潜能发挥到极致。用法根的话说，就是"学校一定要好玩"！

作为一位基础教育改革与发展的积极思考者和践行者，法根思考最多的就是"什么是好的教育"。法根说，"教育的名字叫'智慧'"。于是，他"呼唤游戏精神"，校园的景观"好看，更要好玩"，要"保留童年的梦想才能有创造的未来"，要留给学生适度的空间。对此，我十分认同。学校文化建设要顺应人的天性，在顺应教师的个性的同时，尤其要顺应学生的天性。学校的文化建设要做到"三少"，就是少教训、少划一、少限制。

而这一切的基点就在于法根的生本意识。"我的管理立场一定是站在儿童的立场上，目前学校行政班子都是业务型的，都是学科带头人。"薛法根说，一个校长首先是一个好教师，真正从教育规律去思考问题、去设计学校。

法根认为，好玩的学校，应该有好玩的课程与活动。首先，学校的课程设计要"有意思"，法根说："学校，要建设'玩'的课程，设计'玩'的活动，多少年过后，孩子们依然有回味的东西。"

当年，盛泽实验小学校本课程构建了三大体系，即生活与健康、伙伴与交往、发现与探索。三大课程体系直抵儿童的生活智慧、交往智慧和学习智慧。课程实施又分为三个层面，即核心课程、延展课程和浸润课程，以学科教学、主题活动、环境文化浸润的方式，使得每项课程得以落地生根。

在盛泽实验小学的网站上找到一篇新闻稿——

稻花香里说丰年，听取蛙声一片

为落实"双减"教学目标，拓宽学生的学习空间，让学生在生活中、在生产劳动中、在创意实践中不断汲取成长的力量，11月17日，盛泽实验小学开展主题为"寻梦稻花香"的跨学科综合实践活动。大队委、少年科学院、舜湖文学社部分学生来到吴绫实验小学"生生园"参加本次活动。

一进门，孩子们就看到了一块块整齐的菜地。"生生园"负责人张老师一边带路，一边介绍每一块菜地的农作物，还让孩子们下田拔几棵菜。张老师讲解道："生生园"是生生不息的意思。每个班分管一垄菜畦，每天都能看到孩子们在自家田地里劳作的身影。等蔬菜成熟，食堂阿姨便会现摘现炒，将其变成孩子们的盘中餐。接着，孩子们下田挥舞镰刀，体验了一把割稻之乐。

回去前，张老师让每一个孩子都带回去一捆稻子。张老师解释道："自己滴下的汗，自己收获的成果。希望每一个孩子，不仅在学习上，更能在心灵上获得丰收。"

本次活动，让孩子们亲眼去观察、亲手去抚摸、亲身去感知，在拓宽学习空间的同时，从生活中汲取知识，触发灵感。相信各个社团的孩子们，在不同的思维碰撞中，会擦出别样的火花。

其实这样的场景，在盛泽实验小学教育集团是一种常态。

在课程建设中，法根讲得最多的一句话就是"一位好教师就是一门好课程"。我曾经把这句话写入教育局的文件。法根鼓励一位位普通的教师开发陶艺课程、编织课程、轮滑课程等，学校给予全力支持，并帮助其把活动化的课程提升为教材形态的课程，让孩子玩起来，开心起来，自信起来。语文教师沈月静因为爱好编织，在学校的鼓励下，开办了编织课程，手把手教学生体会传统艺术的美。沈月静老师说，别小看这小小的编织活儿，却能给孩子们带来快乐和自信。"之前班里有一个李同学，学习上不太跟得上，但是学起编织来又快又好，很受同学们的欢迎，渐渐地她在学习上也更有自信了，人也更加开朗了。"

"农村的孩子有幸福感，就会让你觉得在这里是值得的，这就是校长的责任。"法根说。

在盛泽实小，课程开发成为教师提升自我的第二通道。除了孩子们在课程中找到了快乐，教师也与学生一起"玩"起来，"嗨"起来，找到了自我价值。学校的一位校医因为爱好摄影，参加摄影社团，还顺利考上了教师编制，摇身一变成了美术教师。

在法根的眼里，好的教育，让人感受不到在受教育，"如果一个人坐在这里，感受到有人在教育他，这个绝对不是好的教育"。他说："学习就是一种饶有情趣的智力生活，充满智慧挑战的课堂和无处不在的课程，浸润其中，便能潜移默化；教育还是一种内心饱满的精神生活，富有文化意蕴的节日和丰富多彩的活动，闲庭信步，也会流连忘返。"

孩子最希望每天都是儿童节，但是"六一"只有一天，于是，法根与教师从孩子的需要出发，精心策划每月的主题节活动，用丰富多彩的节日活动，点缀紧张的学习生活。就拿阅读节来说，有图书漂流，有新书发布会，有课本剧表演，有故事妈妈进校园，还有书刊跳蚤市场，校园的梧桐大道上摆满了各式各样的书刊，淘书赠书，不亦乐乎。于是，在法根学校的孩子们，每一天都变得像"六一节"那样快乐。

让孩子成为孩子，让孩子成为最好的自己。法根认为，学校的社团建设，就要孩子们自己搭伙，自己招募，自己制订活动计划，自己聘请指导教师。于是，在盛泽实小、在程开甲小学的社团中，有了领袖式的人物、智囊型的角色以及实干型的专家，没有无用之人，没有高低贵贱，平等协作，尝试创新，相互之间你教我、我教你，在切磋互助中共同成长。不仅有机器人社团、航模社团、摄影社团，甚至有溜溜球社团、毛毛虫社团，玩也能玩得不同凡响。

不仅如此，法根还让孩子们的"玩"有展示的空间和时间。每周的升旗仪式，他们把国旗下教师、领导的讲话，改成了学生的特长表演。那些平日里默默无闻的同学，竟然有变魔术、耍杂技、武术等绝活儿，让孩子们大开眼界。进而，让学校社团登台亮相，一番更加迷人的景象出现了，一批批小能人展示他们的社团生活：轮滑社团的花样速滑，机器人社团的"消防演习"，科技社团制作的小飞机在天空中盘旋……有升旗仪式的日子，成为孩子们期盼的日子。

好玩的学校，应该有好玩的教师和校长。法根就是一位好玩的校长，也是一位好玩的教师。最难能可贵的是，在法根的麾下，还有一群"有趣"的教师。第斯多惠说："有活泼的父母才有活泼的孩子，有活泼的教师才有活泼的学生。"教师活泼有趣，学生才会活泼有趣，校园生活才会活泼有趣。在一所学校里，如果有一群乐观豁达、睿智幽默、才情横溢、活泼爽朗的教师，学生们的学习生活就一定不会枯燥无味。

而教师的"有趣"，主要体现在课堂上。法根说："在学校里，师生的大部分时间是在课堂里共同度过的。令人向往的课堂，应该是温暖的、诗意的，让人获得一种有意义的快乐，如沐春风。"

法根告诉教师，记住一个个公式、定理，却不会在生活中

　　　　　　　　　　　　　　那棵树　那座山

用来解决问题，这样的课堂造出的是"书呆子"。教育应该给孩子带得走的能力，而不是沉重的知识记忆。于是，教师们为孩子们创造"玩"的课堂，让他们在"玩"中学、"做"中学。校园里有无穷无尽的数学题，让一年级的孩子分类数一数校园里的树木分别有几棵、一共有几棵；让五年级的孩子实地测量与计算操场的长度、面积，做一个铺设人工草坪的经费预算。这样的课堂，从教室走向校园，走向更为广阔的生活世界，与鲜活的生活联系起来，让孩子们的学习有了源头活水。

……

遵循教育规律，从原点出发，把育人看得比成绩更重要，法根其乐无穷，与教师们让学校"好玩"了，于是学生"好玩"了。这样的学校，这样的校园，怎能不让学生、教师流连忘返，怎能不让人向往呢？

无限相信孩子

因为工作的原因，我听过吴江很多中小学教师的课，而听得最多的应该是法根的课。

20 世纪 90 年代初，我到教育局教科室工作后，听的第一堂小学语文课就是法根的。其中有一堂课上，法根启发一名女生朗读的环节，留给我很深的印象。

我翻阅历年的工作笔记，居然找到了那次听课的记录。

那是 1997 年 3 月 18 日，《人民教育》杂志社主任程淑华等前来了解二实小教科研及薛法根语文教学改革的情况，法根借班为领导和专家上了一堂课——《詹天佑》。

教学的一个环节是请学生朗读文章中的一段文字。法根点了坐在中间的一名女生朗读，女生的声音很轻，坐在学生听课席第一排的我，感觉那女生声若蚊吟，几乎听不清。法根没有就此换学生朗读，而是走到那女生面前，侧身听着，说："你的朗读字音很准啊！朗读响亮一点，好吗？"女生再一次朗读，声音高了一点，法根故意退后几步："很好，老师离你远一点也能听见了。如果再响一点，那么后排同学也可以听见了。"那女生挺了挺身子，提高声音朗读了起来。法根带头鼓起了掌，并指导了感情朗读的注意点，说："你的音色也很美，应该让更多同学和听课老师享受你优美的声音，再朗读一次，好吗？"这一次，女生一扫开始的那种羞涩扭捏的样子，放声朗读起来……

课后，我问法根："为什么要在一节课上花这么长的时间教那个女生朗读呢？"法根说，课堂上，孩子表现不好的时候最需要的是教师的帮助，更需要的是给他进阶的时间。

那个班级的语文教师也很惊讶，因为那个女生很内向，平时很少主动回答问题或者朗读，今天在法根课上的表现出乎意料。

看来孩子的潜能是无限的，法根的成功在于他鼓励、激发孩子把自己的潜能表现出来。后来，法根提炼出了"三个无限相信"："无限相信每个孩子都有学习的愿望，无限相信每个孩子都有学好的可能，无限相信每个孩子都有学会的时刻。"

21 世纪初流行的"没有教不好的学生，只有不会教的老师"，尽管有偏颇之处，但也确实与法根"三个无限相信"一样揭示了一个真理：学生的潜力是无限的，教育就是要发现、发掘、发展学生的潜能。

公开课上，我们看到的多是优秀学生，他们思维敏捷、对答如流，往往能呈现意想不到的精彩；然而，常态下，我们会发现还有许多学习困难的学生。

法根深知教育的秘密就藏在学习困难的学生身上，他说过，如果有孩子学习成绩很差，却每天高高兴兴地来上课；每次上课都听不懂，却还要高高地举手发言；每次发言都错了，却依然满怀学习的渴望……这样"特别"的孩子不就像不明飞行物一样，让人充满好奇，想去一探究竟吗？教好了这样的孩子，其实就是破译了教育的"暗箱"，就是发现了教育的规律，就是掌握了打开学生心扉的"钥匙"。

如何帮助学习困难的学生？他有"三条原则"：起点要低，要求要严，最重要的是坚持不懈。

有个孩子最怕写作文，总是咬着笔杆，绞尽脑汁也写不了几行字。于是，法根只好手把手地教，法根说一句，他写一句，"作文"变成了"听写"。写完了，法根让孩子读了一遍，孩子很开心，法根发现了一个秘密：不会写，可以"抄"！于是，每次写作文，法根都让这个孩子自己找一篇同类文章，读熟了再抄下来。抄了一段时间，孩子提出："老师，我能不能不抄啊？"于是，每次写作文时，法根让他先找一篇同类文章，读熟了再改动一下，换个人名，换个地点，换个事物，换句对话，换个角色，换个事件……就这样，借用别人的文章，不断地更换里面的内容，渐渐地把"自己"也换了进去，找到了一点作文的感觉。后来，这个孩子又提出："老师，我能不能不借了啊？"于是，每次写作文时，法根让孩子找三篇同类文章，从这一篇中"偷"选材，从那一篇中"偷"构思，从另一篇中"偷"一段对话或者描写……这一下，孩子"偷"出了"瘾"，从一开始的东拼西凑，到后来的不露痕迹，写出了自己的作文。三年时间，这个孩子经历从"抄"到"借"再到"偷"的漫长过程，克服了"作文恐惧症"。

这里，法根顺应了学生的写作心理，搭建了一个又一个的台阶，先易后难，循序渐进，永远给学生以学习的希望；还教给学生有用的方法，"抄"是积累，"借"是模仿，"偷"是创新，永远给学生最有力的学习支持；要求上突出坚持，小步走，不停步，永远相信学生可以学得会、可以学得好。真是这种"相信"，创造了奇迹！面对患哮喘的祁祁，他每天放学后上门补课，三年来风雨无阻；面对沉迷电玩的小庆，他用一部评书《说岳全传》，让孩子迷上了英雄、爱上了阅读；他说服了小童的父母，让这个爱写书的孩子梦想成真，完成了自己的第一本科幻小说。最让人难忘的是一个叫陈小靓的女孩，记性特别差，今天学的，隔天就忘了。法根从不责怪，更不放弃，从头再教一遍。他常常对小靓说："10次不行，还有第11次！"教育，就是要永远给人以希望。精诚所至，金石为开，小靓终于顺利地跨进了中学的大门。

校园，应该留给孩子值得珍藏一生的美好记忆。学生最喜欢的，是那个真正读得懂他们的老师，是那个用智慧的爱照亮他们内心世界和人生道路的点灯人。

然而现实是残酷的，在应试教育肆虐，并延伸到小学的时候，担任毕业班语文教学的他在课堂里和学生们一起阅读、一起讨论，其乐融融。当其他班级的语文教师捧着一张张练习卷进班级进行"题海战"的时候，法根却把练习卷悄悄地压在了柜子里，不多占一节课……这样的法根无异于另类，但法根相信自己的日常教学，相信自己平时课堂上所下的功夫。他深信：教育，不能只想着当下的分数，要想到学生一生的幸福。

"拒绝功利，还教育一片纯净的天地；坚守自己，给学生一个成长的空间。"这是法根"三个无限相信"的具体行动！

永远是个孩子

薛法根像个孩子。他的笑容，有时很诡谲，不知内里躲藏着什么，不过他的诡谲也很简单，很容易被猜测，就像小孩子使坏又不太成熟一样。绝大部分时，他还是相当阳光的，露出孩童般的笑，连那浅浅的酒窝里也盛满真诚。最像孩子的，还是他在课堂里的那种神态。因此，孩子们喜欢他，连他的躬背及稍稍突出的牙齿，孩子们都觉得很可爱。一个像孩子的人，是智慧的，薛法根的骨子里永远是个孩子。

——这是教育专家成尚荣先生对法根的形象描绘和评价。苏州市教科院的许红琴老师也说过，薛老师是一个童心未泯的人。他用孩童一般的好奇、欣喜、宽容，接纳一切美好；用孩童一般的明媚、清简、朴实，开启智慧语文。

是的，法根爱孩子，他对儿童的爱是深沉的，他真正站在儿童的立场上。他有"三个当成"的理论：一是把自己当成学生，要做先生，先做学生，主动向学生学习；二是把学生当成学生，尊重学生，把学生当作独立、平等的个体，无压迫、不替代、少干涉，让学生成为他自己；三是把学生当成自己，站在学生立场思考问题，永远不忘自己曾经是个孩子，设身处地为学生的成长着想。

法根认为，教师要具有一颗永远年轻的童心，只要童心不老，他就能成为一位学生喜欢的好教师，而要成为一位优秀的语文教师，还需要具有用儿童的眼睛看世界的本领、看课文的能力。于是，他提出了语文教学要"回到童年"的主张："学生的学习过程是一个无法打开的'暗箱'，里面的秘密谁也看不到。而'回到童年'，把自己当成学生，像孩子那样地去想，可以触摸到学习中可能出现的那些沟沟坎坎，或许能找到教师与学生之间的那段距离。"法根的"回到童年"其实是儿童哲学。

法根善于用不同的角色去阅读、把握教材，其中一个角色就是儿童角色——"一般的孩子"。孩子在阅读文章时，往往会遇到很多的阅读障碍，如不认识的词语，未见识过的事物、现象，没经历过的情感、事件，等等。正是基于这样的儿童视角，法根发现了孩子在独立阅读时可能遇到的种种困难：哪些字词需要教，哪些语句需要解释，哪些事件需要补充，哪些地方学生可能会忽略，哪些地方学生会产生误读、错解，哪些地方学生最易模仿……也因此，要教什么，不需要教什么，在什么地方教什么，在什么地方要教学生读到些什么，法根的心中都有了底。法根在课堂上之所以游刃有余、挥洒自如，是因为他有儿童视角的"十年功"。

教育是培育"人"的事业。"人"字有两笔，一撇一捺，相互支撑、彼此相知。教育，就是既要教书，让孩子学到知识；又要育人，让孩子在潜移默化中慢慢学会做人。担任校长之后，法根更是把学生放在课堂中央、学校中央、教育中央！他说："我的管理立场一定是站在儿童的立场上！""搭建一所令人向往的学校，创造愉悦的教学氛围，努力让每个孩子都有人生出彩的机会，是我永远的追求。"

学校是教师和学生天天生活的地方，一个好的环境，对教师来讲很重要，对孩子来讲也很重要。要让学校有好的设备、好的课程，让孩子每天最想去的地方就是学校。法根把学校的建设当作课程来做，"一所学校就是一门课程"。

有一年，校园里新建了一幢教学楼，楼下有一块很大的空地。设计院派了一个年轻的设计师，设计了名为"璞玉"的广场：中间是一个圆圈，一侧是 15 平方米的舞台，舞台背后是一块巨石，上面将镌刻一些文字；一侧是一条木质长廊，中间可以嵌入各种展板；其他的角角落落是草坪和树木。法根觉得这样的设计很无趣，可以用于任何一个学校或公共广场，却不适合做一年级学生的活动场所。

于是，他对年轻的设计师说："假如你是一个一年级的孩子，最希望这个广场是什么样的？好玩，让人充满好奇！下了课，就想到这个园子里去，尽情地玩，安全地玩。而且，有一种玩不腻的感觉。"于是，法根成了设计师。他设想把整个广场的地面设计成一幅画，一幅由各种色彩交织而成的抽象画。走在上面，就好像走在一个彩色的世界里。他设想掏空地面，造一条蜿蜒清浅的小河，上面铺上有色的钢化玻璃，孩子走在上面，不仅可以被迷人的色彩吸引，还能隐约看到脚下那些游动的金鱼，就像走在一个湖面上。他想在那些草坪上随意摆放一些雕刻成十二生肖模样的石凳，最大的不是老虎和水牛，而是那只小老鼠，孩子们玩累了可以坐上去歇一歇……

法根告诉设计师："要想给孩子一个向往的校园，就需要有创意的设计。一个好的设计者，一定是将自己当作一个孩子，常常回想自己小时候的幻想和梦想。保留童年的梦想，你才会创造孩子的未来！"一番指点，那个年轻的设计师脑洞大开。

正是基于儿童立场，程开甲小学刚建的时候，法根就想好了：要做一个人工草坪，让孩子们打滚儿；要建开放式的展厅，让学生和家长随时都能看到学校的文化。学校门口和校内的田地要留下来，让学生明白自然的野趣，看春华秋实。如今，程开甲小学校园呈现给孩子的就是法根"孩子气"的设计。

吴绫实验小学前身是一所村小，家长不愿意把孩子送到那里读书。如何改变？一定要把吴绫实验小学建成孩子喜欢、令人幸福的学校。法根做了很多工作，在吴绫实验小学边上征了 50 亩地，建公园、竹林、迷你太湖、农田，吴绫实验小学变成了最美的乡村学校。

法根还善于从孩子的角度去思考孩子的行为，宽容孩子。在盛泽实验小学舜湖校区的校园里有一棵梨树，梨子成熟前就会被孩子们摘光，每年都很少能"瓜熟蒂落"。有一年的校长办公会，有人就提出要装个探头、装上篱笆，但是法根认为这是典型的行政思维。学校种梨树，主要就是为了美化环境，还为了让学生实践，让学生去发现梨树什么时候开花、什么时候结果。

"教育是一种善良，现在我们校园内所有的果树都不设防，孩子们想什么时候摘都可以。这个就叫作儿童经验，以后孩子一定忘不了每年暑假前可以摘梨子。"法根希望，孩子们长大了会想，这个校园给了他什么，给了他自由。法根说，这样，"孩子们才会怀念这所学校"。

法根认为，教师的心中要住着"三个孩子"：一个是理想中的孩子，那是我们培养的目标；一个是眼前的孩子，真实却并不完美的学生；一个是儿时的自己，那个长大了的孩子。永远不忘自己曾经是一个孩子，你才能体会眼前并不完美的孩子；永远不忘理想中孩子的模样，你才能让眼前的孩子变得更完美；永远不忘眼前那个真实的孩子，你才能看到他与众不同的那一面。

　　法根就是那样，心里永远装着孩子！

他的语言有温度

语言，是有温度的。

有一天，作家屠格涅夫在街上走着，一个乞丐向他伸出手，想讨些钱。屠格涅夫搜索自己身上所有的口袋，既没有钱包，也没有怀表，甚至连一块手帕都没有。但是乞丐等着，他伸出的手微微颤抖着。屠格涅夫忽然间不知所措，惶惑不安，竟紧紧握了握这只肮脏、发抖的手。"别见怪，兄弟！我什么都没有带，兄弟。"乞丐用那双红肿的眼睛凝视着屠格涅夫，他微笑一下，接着，也紧紧握住了屠格涅夫的手："哪里的话，兄弟，"他吃力地说道，"这也应当谢谢啦……你是第一个管我叫兄弟的人。"乞丐已微笑着泪流满面。

我想，乞丐之所以感动，之所以泪流满面，正是因为从屠格涅夫的一句话里感受到巨大的温暖，正所谓"良言一句三冬暖，恶语伤人六月寒"。

关于课堂中的师生对话，法根这样认为："课堂教学中的对话，实质上是一种师生间的人格对话，可以丰富学生的精神世界，启发学生的心智，构建学生独立完整的人格。"因此，法根在教学过程中非常注重与学生之间的平等对话，在他的课堂上，他只是把自己当成对话过程中的组织者和参与者，把学生看成课堂中的"主角"。为了排除师生之间的一些心理障碍，他总会给学生营造一个自由、宽松、开放的学习环境，试图唤醒学生的主体意识，鼓励学生畅所欲言。

执教《做什么事最快乐》一文时，法根面对一位多次读错的学生是这样讲授与指导的。

师：你读得很通顺，别人也听得懂。如果你能注意文中的标点符号，就能读得更好。想再试一试吗？

生：想！（再读：仍然将"叔叔，做什么事最快乐？"读成"啄木鸟叔叔，做什么事最快乐？"，将"给树木捉虫子最快乐"读成"给大树捉虫子最快乐"）

师：要改正一个缺点真是不容易。你看，小青蛙叫啄木鸟什么？

生：叔叔。

师：假如老师就是啄木鸟，你来试着问我。

生：啄木鸟叔叔，做什么事最快乐？（众笑）

师：请你不要叫我的名字，好吗？

生：好！叔叔，做什么事最快乐？

师：真乖！给树木捉虫子最快乐。现在，你再来一遍，一定能读正确！

（学生读正确了）

师：（高兴地）这就是进步，就是成长！你有什么感想吗？

生：一定要看仔细。

师：对，这是读书的要领，你已经懂了，祝贺你！

在这个教学过程中，法根对这位多次读错简单字词的学生并没有给予严厉的批评，而是以足够的耐心去等待，以鼓励的话语进行指导，以平等的姿态与学生互动。他把自己比作啄木鸟，把抽象的语言形象化，巧妙地促进学生理解。这样的对话，不仅仅是知识的传授，而是人格的影响与培养，相信这对所有学生都会产生一种潜移默化的影响。

教育的力量在于对学生不断地激励与适时地赞美，让每个学生感到自己有引以为豪的地方，让他们产生愉悦感和进步感，愉悦感能满足情感体验，进步感则能提高附属内驱力。法根认为，待人要真诚，对学生也是如此。法根话语的温度就体现在真诚上。无论是简洁清晰的导入语、规范质朴的讲授语、准确亲切的评价语，还是精练深刻的结束语，法根都以"真诚"动人。

当学生有了良好的表现，法根总会及时给予具体适切的表扬："你朗读得听起来也像一曲悠悠的小令！""你善于抓住关键词语，真会倾听！""他读得更认真、更细致了。每一个人在课堂上只要认真读都能读好。"……这种扬风鼓帆式的评价给予学生极大的鼓舞，唤醒每一个学生内心深处积极向善向上的本能，从而激发学生的学习智慧。

当学生遇到困难的时候，法根便给予雪中送炭式的引导，比如，在《唯一的听众》一文的教学中，在学生朗读"嘿"这一感叹词所在的句子时，法根及时示范指正："像你们这样慢吞吞的读法，不能够表达'嘿'的惊喜之情，听老师读，注意语气、语调的变化。"学生醍醐灌顶，朗读水平很快有了明显的提高。

美国著名教育家保罗·韦地博士花了40年时间，收集了9万名学生所写的信，内容是关于他们心目中最喜欢的教师。保罗·韦地博士概括出一个好教师人格魅力的十二个方面——友善的态度、尊重课堂每一位学生、耐心、兴趣广泛、良好的仪表、公正、幽默、良好的品性、对个人的关注、坦率、宽容、有方法，其中一个方面"幽默"就是："每天她会带回来少许欢乐，使课堂不致单调。"

法根觉得，幽默是一种优美的健康的品质，是教师教学机智的重要体现。他说："幽默，可以营造出一种积极而热烈的教学氛围，对师生双方都有激励作用，可以产生共振效应，师生都能在幽默的氛围中超水平地发挥。"

是的，与幽默的教师互动，学生随时会被阳光照耀着，就算是有些失落和沮丧，也都会被它驱赶得干干净净，还学生一片晴空。

《我和祖父的园子》上课伊始，法根指导学生听写三组词语，其中有学生把"韭菜"写成了"九菜"，把"栽花"写成了"摘花"。法根幽默地说："你这个'九菜'是'九盘菜'，还是'九桶菜'啊？到文中把这个词给找出来，好吗？""花还没'栽'呢，你怎么能'摘'呢？平翘舌音要注意区分啊！"

从法根幽默的话语中，学生不仅发出会心的笑声，而且对词语"韭菜"和"栽花"的理解一定更加准确而深刻。

教《我和祖父的园子》，在让学生听写三组词语时，很多学生一时没有集中注意力，写了前面的两个词语，后面的忘记了，或者某个生字一时写不出来了，便有点紧张。这时，法根说："默写不出可以偷看，只能偷偷地看一眼自己的书，不能看别人的，小心别人的也有错误哦！"学生会心一笑，一扫那种默写不出时的紧张和不安，快速地"偷看"起来，而且看得特别仔细，记得也就特别牢固。你想，好不容易"偷看"来的，怎么能不珍惜呢？

教学，不就是要学生从不懂到懂、从不会到会、从不能到能吗？法根给学生一个及时补救的机会，既解放了学生，也解放了自己。"偷看"，幽默的背后是对学生的无限怜爱。

"薛老师上课太有趣了，每节课开始前，让同学上讲台当一回小小播音员，这招让大家爱上朗读。"盛泽二中的田薇薇老师至今还记得学生时代薛老师上的语文课。桃李不言，下自成蹊。法根已经记不清，有多少个孩子像田薇薇这样，在听了他的课后爱上学习，踏准了人生的方向。"教师的美丽，不在于他的容貌，而在于他的善良、学识及育人的智慧。"法根反对一成不变的教学形式，提出要让枯燥的教材变得有趣，让学生们感觉上课就像在做游戏。

"好的教育，永远给人以希望，而不是失望，更不是绝望。"这是法根期望的教育愿景。"给人以希望"，十分朴实的话语，表达的正是法根一以贯之的以人为本的教育理念。比如，在学习《猴子种果树》时，关于"难栽"的意思，学生一开始没有理解到位，法根就耐心地引导："我明白，但你还没说明白。""还是没说明白。别急，再想想'难栽'的意思……""哦，故事听多了，你也会讲故事了，对吧？你们真会听故事，边听边学讲故事。"正是在法根老师给予"希望"的语言中，学生获得了成长。

"你说得真好""你太聪明了""说得还不错""非常有道理"这类的评价，表面上具有鼓励性，但是十分模糊。学生从中了解到的只是一个终极性的结果，究竟好在哪、棒在何处、聪明在什么地方，学生无从知道。

法根在课堂上很少用这样模糊的话语，用精准、有深度又有厚度的评价，体现其语言的温度。他的评价指向清晰，着眼于学生能力的提升，使学生从中不仅能得到前进的动力，更能找到努力的方向。

比如，《我和祖父的园子》一课的教学：

师：好，请××同学来读这一段。

（学生朗读时有点紧张）

师：不要紧张，用心体会，多读几遍就好了。请再读一遍，好吗？

（学生这一次稍微好一点）

师：（夸奖地）这一次为什么读得这么好？

生：我把自己的感情融进去了，我好像就在这个园子里了。

师：（高兴地）啊，他有两点经验：一是要投入自己的感情；二是要想象，仿佛自己看到园子里的景物。同学们也像他一样，一要投入，二要想象，再自己练习读读。

从学生的朗读及回答中，法根提炼了"要投入自己的感情""要想象"两点经验。这是对学生的肯定和鼓励，更重要的是他从如何朗读的角度进行了方法的指导，这种指导自然流畅，不留斧凿痕迹。

"一个真正把学生装在心里的老师，他在课堂上就会时时处处为学生着想，在教学用语上，尽可能使用适合学生的语言，以尽可能地贴近学生的思想、生活和学习的需要。这样，我们的学生在课堂才能感受到亲切、温暖，才可能迸发出学习的智慧。"法根是这样说的，也是这样做的。

匠　心

人们常说："不做教书匠，要当教育家。"法根却说："教师，不妨做个'教书匠'。"

《说文解字》云："匠，木工也。"在现实生活中，称作匠的不仅仅有木工（也叫木匠），还有篾匠（竹匠）、漆匠、泥瓦匠等，都是指拥有某一项专门技术的人。教师也被戏称为"教书匠"，自然含有调侃意味。

有人认为，"匠"的工作就是"照葫芦画瓢"，是简单的机械重复。其实，"匠"的工作除了机械重复之外，还需要心思巧妙，因此，"匠"也成为技术精湛、造诣高深的代名词。

千百年来，杰出的工匠们一代代的创造凝聚成工匠精神，这种精神是一种品格，是一种操守，其核心是精益求精、一丝不苟、坚持不懈，在强调技艺的同时，更注重从业人员的职业精神、职业素质。

至于教师的工匠精神，法根从反面做了阐述，他说："没有一点'匠'的技艺、'匠'的心思，是难以做一位好教师的。"法根认为，"匠心＋匠艺"是教师工匠精神的集中体现。

法根说："匠者，总有一颗'匠心'。"他打过比方：一段普通的木头，在木匠的手里会变成一把精美的椅子；一块普通的石头，在玉匠的手里会雕刻成一件举世无双的艺术品。因为，在匠人眼里，这段木头、这块石头，已经幻化成他们心目中的那件艺术品了，这就是他们的"匠心"所在，即看到别人看不到的东西。

法根的"匠心"就是如此。在他的眼中，每一个学生都能成为一件精美的"艺术品"，作为教师，就是要通过与学生的共同努力，让每一件"艺术品"精美起来。

法根曾经带过一个毕业班，班上学生小靓被教师看作"老大难"，她的语文成绩从来没及格过。但法根坚信每个智力正常的孩子都可以及格。于是，法根在课堂上常常不经意间走到她身边，或轻声耳语，或提示要点，或拍一拍肩……放学后，他又常常陪着小靓读课文。终于，在老师和同学们的惊讶和赞许中，小靓真的"靓"起来了，以语文 65 分的成绩成为合格的小学毕业生。

"要让学生真正进步，教师得有足够的耐心。学习上有困难的学生尤其需要教师细致的指导和耐心的等待，有时甚至是手把手地教。"法根是这么认为的，也是这样做的。在教学《火烧云》一课时，法根以师生对话问答的方式展开：

师：什么叫火烧云呢？《现代汉语词典》中的解释为：日落或日出时出现的红霞。所以日落或日出时出现在天边的红霞就是火烧云，根据时间的不同，日落时叫作？

生（齐）：晚霞。

师：日出时叫？

生（齐）：朝霞。

师：所以，我们平时所见的红霞就是火烧云。但是在萧红所写的《呼兰河传》中是怎样解释火烧云的呢？

生1：天上的云从西边一直烧到东边，红彤彤的，好像是天空着了火。

师：比较一下，这两种解释有什么不同？你喜欢哪一句？

生2：我喜欢第二句，因为更生动。

师：哪个字让你感觉生动？

生2：烧。

师：为什么"烧"让你感觉生动？因为它是什么词？

生2：动词。

师：一个"烧"字写出了火烧云的画面感，让你感觉更生动，所以你更喜欢这一句。

在这个环节，让学生找到"烧"字并深入体会其妙处是教学的重点，也是难点。学生"卡"住了，法根让学生朗读，找到"烧"一字，再追问：为什么用了"烧"就生动了？学生被追问得又有点儿"卡"住了。法根非常及时地给予支架，引导学生从词性角度去理解：这个'烧'是动词，熊熊燃烧，把火烧云写成了一幅活动的画。

这里，法根以他对学生的爱心与耐心——"匠心"，引导学生从"卡"走向"通"。

法根的"匠心"体现在他的"用心"上。"给学生一分钟的掌声"就是法根"用心"发明的。

学生上台朗读自己的作文，读完后，法根让他别动，就站在讲台上，然后让大家给这个学生一分钟的掌声。当这持续了一分钟的掌声结束后，台上的学生早已成了泪人，被感动得声泪俱下。法根说："你别小看这一分钟的掌声，足以改变一个学生的一生。"所以，法根班上的每一个学生都盼望这一分钟的掌声，法根经常用一分钟的掌声来鼓励那些优秀的学生、进步的学生，让他们尽情扬起前进的风帆！而且他发现，不光得到这一分钟掌声的学生心灵会受到大大的震动，鼓掌的学生在这一分钟的时间里，也会受到极大的鼓舞。

关于"匠"艺，法根认为："匠者，总有一手'绝活儿'。无论是木匠、铁匠，还是其他什么匠，别人做不成的活儿，在他们手中却是易如反掌，这就是不可替代的'专业性'。"

"关注教学的细节，其实追求的是教育的智慧。只有从教育智慧的视角看教学的细节，才能发现细节的教育意义与教学价值。"法根的"匠"艺，体现在他教学的精细、精致上，体现在他教学的细节处理上。

听过法根课的教师会发现这样的细节：法根在与孩子们对话、交流的时候，总是弯着腰，显得十分亲近。原本孩子是紧张的，但很奇怪的是，当法根站在孩子身边时，无论是多么胆怯的孩子，都能完全展示自己。

法根深信爱的教育力量。在教学中对于那些常常走神的学生，他总是边讲课边走到他们身边，用手轻轻地抚摸一下他们的头，抑或轻轻地拍拍他们的肩背，学生总能领会他的意思，专心地听讲。这就是教育的艺术，是法根的"匠心"！

法根的"匠"艺，还体现在他的教学风格上。法根善于用自己的外貌特征展开教学，幽默风趣，拉近与学生的距离，让学生以自己的外貌进行现场观察与写作。

比如，下面的导入情景在法根的课堂上时常会出现：

......

生：（你）像猴子。

（学生大笑）

师：我哪里像猴子？

生：尖嘴猴腮。

师：我听出来了，说我的脑袋小。我脑袋小，但是智慧多。（生笑）你说得很准，我属猴，有点像不奇怪。

（学生大笑）

法根坦荡而又无所禁忌，幽默风趣而又自然不做作，他的课堂呈现出意趣盎然的生命活力，学生们从身体到心灵都获得了自由。

法根是优秀教师，也是校长，因此，作为"教书匠"的他，在管理上也是独具"匠心"的。下面的故事或许很少有人听说过，但是发生在法根身上恰是自然的——

一年端午节放假回校后，某班有一个学生没有完成作业，于是教师就叫他补写，可是这个学生不愿意补。教师可能在与学生做进一步沟通的过程中发生了"肢体碰撞"，导致学生的头部不小心被桌角撞了一下。第二天，这个学生的奶奶来到学校，当着全班学生的面扇了教师一个耳光。当时，作为校长的法根在外地讲学，没有第一时间得知此事。回来后，这个教师也没有主动向他反映情况。后来，法根得知此事后愤怒了！

他通过调查得知，那个学生平时非常懒惰，经常不做作业，而那位教师则非常负责，每天放学后都会耐心地陪着他补作业、补功课。这样的教师凭什么要受此种侮辱？于是，法根联系了那个学生的家长，要求这位奶奶当着全校教师的面向这位教师道歉。学生奶奶迫于校长的压力，只好答应照做。但没想到此事还没完，那户人家居然越过了教育局，直接告到了政府，要求校长向其家庭道歉。法根被教育局领导责问，并要求他向学生家长道歉。法根据理力争，表示自己的处理方式是正确的，无须道歉！教育局领导急了："你今天不答应，别想出这个门！"法根也义正词严地把凳子一横："我今天还真不打算出这个门了！"……

这就是作为校长的法根，为了保护教师的尊严，他不惜押上自己的尊严和前程。

法根说："教育的口号是实事求是，不要让教师陷入万劫不复！"

这又何尝不是作为校长应有的"匠心"呢！

打开一扇窗，推倒一堵墙

人与人之间最宝贵的是真诚、信任和尊重，而这一切的桥梁就是沟通。

有效的沟通是人与人之间心灵相通的彩虹桥，尤其是学校，如果校长善于与教师沟通，一定会在打开一扇窗的同时，推倒一堵墙，校园就会像被和煦的春风吹拂过，充满了和谐与生机。法根与他的学校就是如此。

法根说："教育是一群人才能完成的事业。教好一个孩子、办好一所学校，需要一群人的共同努力。这群人往往性格不同、能力各异，喜好、心思千差万别，怎样才能让他们心往一处想、劲往一处使呢？答案就是沟通，沟通，再沟通。"

作为校长，法根的沟通，首先是把自己的梦"卖给每一位教师"，用美好的愿景照亮教师、感召教师。在程开甲小学，法根"把愿景变成风景""把风景变成场景""把场景变成背景"，靠的就是沟通。

2017 年，盛泽镇在红梨湖畔新建了一所学校，征得"两弹一星功勋奖章"获得者程开甲及其家人的同意，把学校命名为程开甲小学，法根担任首任校长。法根觉得自己肩上的担子很重，一定要把这所学校办好，办出特色，办出品位！他对教师们说："我们用三年时间，把这座'庙'（学校外墙颜色像庙的外墙的颜色）改造成一所令人向往的湖景学校。"

第一年，法根让教师把"不入眼"的地方找出来，然后一起设计景观。美术沈老师原来是平面设计师，法根请她重新规划景点布局："你要把学校当成你的一件美术作品来创作。"在教师的共同创意下，程开甲小学诞生了充满文化气息的三个"园"：以农耕文化为根的"阡陌园"，以丝绸文化为魂的"丝绫园"，以诗词文化为线的"泽润园"。在法根的沟通下，程开甲小学"把愿景变成风景"。

法根深知，校园不仅要好看，更要有内涵。第二年，法根让教师把"好看"的风景变成"好学"的场景，让一草一木都变成课程资源。怎么变呢？法根还是"沟通"。他带着教师在校园里转，转到教室门前的绿化带，法根问："能不能种点其他的？"教师们一听，兴奋不已：可以改种瓜果蔬菜，可以做劳动基地，可以写观察日记……后来，就有了各班门前的"自留地"。转到一面白墙处，法根再问："能不能挂两块黑板？"科学教师有了灵感："一块提问题，一块写答案。"于是，就有了"你来问、我来答"的"十万个为什么"……就这样，一群人将一所学校变成了一个处处可玩、时时可学的"小小科学家课程基地"。"把风景变成场景"的愿景成为现实。

在校园的场景中，教师们陆续开发了150门科学微课程，感觉有点"山穷水尽"了。法根又与教师们沟通开了："以此为背景，换个方向就有更多的课程。"于是，语文教师从文学的角度另辟蹊径，开发了"盛泽的古桥""盛泽的弄堂""盛泽的丝绸"三个系列的主题阅读与实景写作微课程，融科学研究与语文实践于一体，独具特色。艺术组、德育组、体育组等都找到了各自的发掘点与主题词，呈现了百花争艳的课程特色。

如今，这所以人民科学家命名的程开甲小学，建有少年科学院、文学院、艺术院，以及体育学院，开甲日新，朝气蓬勃。法根正是用沟通，让梦想照亮教师远行的方向，齐心协力，把愿景一步一步变成看得见的风景，也让教师在风景中看见自己最美的模样。

避重就轻、趋利避害，人性使然。法根说："最难的沟通，就是与人性的弱点斗争。当一个人或一群人在遇到困难退缩不前甚至自我放弃的时候，最需要的就是勾起埋在心灵深处的那一点信念之光，坚信办法总比困难多，坚信世上没有翻不过去的山、没有迈不过去的坎。"法根总是从心理视角去发现教师的困惑，以及由此产生的畏难情绪，及时沟通，帮助教师重拾信心、坚定信心。

2008年，观音弄校区因为年久失修，破旧不堪，加上教学质量下滑，社会上的负面评价日趋增多，压得教师抬不起头。有些教师认为学校没希望了，干脆"躺平"。如何帮助教师增强信心？如何摆脱"躺平"心态？正好那一年，市教育局组织广播操比赛，法根觉得机会来了。他在升旗仪式上宣布：观音弄校区要"做吴江第一操"。法根的宣布引起一片哗然：体育教师直倒苦水，练不成；班主任也是摇头，肯定没戏。法根这次没有简单地跟教师对话，而是以行动和结果无声地与教师"交流"。他选了一个班做试点，盯着体育教师一个动作一个动作地教，盯着班主任让一个学生一个学生地过关，盯着家长负责那些动作不协调的学生回家练，终于盯出了一个精气神焕然一新的班级。在校会上的展示上，震撼了所有人。

这样的沟通果然产生了效应，观音弄校区全校师生下定决心，拉开了一个月的操练热潮，最终在全市的会操比赛中，毫无争议地获得了第一名。

对此，法根到现在，记忆犹新，感慨地说："沟通，重要的是用热情点燃热情、用信心激发信心、用信念传递信念，把不可能变成可能。"

校长与教师最难的沟通，出现在校长与教师相互出现交流障碍，甚至意见相左，抑或是产生误解之时。这个时候，有些校长会"暴力沟通"，轻易地否定教师、批评教师，甚至打压教师。这不但解决不了任何问题，还会让问题越来越严重。

这种情况下，法根的沟通策略与众不同。

2021 年，根据统一安排，吴江区中小学实行岗位晋级。原来评到一级教师职称的教师，再也坐不住了，每个人都要从10 级岗、9 级岗、8 级岗一级一级地往上爬。僧多粥少，名额有限，为了公平公正地做好这件事情，尽可能地避免矛盾，学校制订了岗位晋级积分制，凭积分晋级。

结果公布之后，一位老教师愤愤不平，找法根评理。

一开始，那位老教师认为评分组偏心，积分有问题。法根不轻易下结论，不否定该教师的想法，而是把他的积分表拿出来，让他一项一项对着标准核对，一分不多一分不少，他就放心了。后来，那位教师又认为积分方案有问题，偏向语、数、英学科的教师。法根把积分方案和评分细则拿出来，让他一条一条地核实，终于发现在教学质量这一栏中，语、数、英学科的教师每学期有两次积分，其他学科只有一次积分。法根坦诚地对那位教师说："这是学校考虑不周，所有学科都应该有两次积分机会，明年通过教代会修改。"至此，那位教师表示理解，只是抱怨这个晋级太折腾人了。

法根抓住机会跟他解释："任何制度很难十全十美，没有岗位晋级之前，大家拿的都是最低一级的工资，现在至少有晋级的机会。如果你能努力一把，成为市级以上骨干教师，就自然晋级；如果你再努力一把，直接申报高级教师，就不用晋级了；更重要的是，你教过的学生每年教师节都到学校里来看望你，家长都想把孩子放在你的班级，那是一个教师的最高荣誉。"那位教师连连点头，表示认可法根的分析。

最终这位教师心平气和地说："这样评，我信得过。"

面对老教师对岗位晋级的不理解、对学校积分晋级做法的误解，法根采用的是"非暴力沟通"，推倒了他与那位愤愤不平的老教师之间沟通的"一堵大墙"。法根尊重、理解教师的想法，通过巧妙的沟通艺术化解了矛盾。从"愤愤不平"到"心平气和"，推倒了横亘在教师与校长之间的无形的那"一堵墙"。

在沟通的策略上，法根换位思考，理解教师的内心语言，推倒了"暴力沟通"会形成的"三堵墙"。

第一堵墙：别人听不懂的"语言"。

不同的人所站的高度、角度不一样，对一件事情的看法迥异。那位老教师显然对评分的标准不理解，认为积分有问题。对此，法根没有轻易下结论，没有对他阐释评分标准，也没有做过多的解释，而是让他一项一项对着标准核对，结果是他"一分不多一分不少"。法根让教师自己对照，自己分析，让他用自己的内部语言与自己对话，也就是用那位教师听得懂的"语言"去说服他自己。

第二堵墙：使用对方无法接受的语言和方式。

沟通前认真思考对方能够接受什么样的语言、什么样的方式，选择对方能够接受的方式进行沟通，是沟通获得成功的第一个步骤。法根十分尊重那位教师，在沟通的时候，法根能体会对方的感受，做到用"心"沟通。特别是设身处地地为教师着想，尤其是"如果……""如果……"的分析，说到了那位教师的心坎上，难怪那位教师会心平气和。

第三堵墙：拒绝妥协与退让。

人都有自尊，校长也是如此。一些校长在与教师探讨不同意见的时候，很难放下架子，不愿意妥协，不肯退让，会与教师产生冲突。法根却不这样，他主动承认方案的不足，承诺下次改进。法根勇于承认问题，并妥协与退让，感动了那位教师。其实这是法根以退为进的沟通策略。

法根说："公开、公正、公平，是我们与人沟通的法治基础，真实、务实、求实，是我们与人沟通的道德基础。若要让人心安，必须以诚相待，更须秉公办事。"

确实，沟通，沟通，再沟通，去打通人与人之间的堵点、痛点、难点、盲点，让心贴得更紧，走得更远。

　　　　　　　　　　　　　　　　　　那棵树　那座山

4

咬定青山不放松

一生的"恋人"

　　"没有课题就没有今天的薛法根，薛法根是在科研中快速成长起来的。"这是大家对法根成长的一致归因。法根成长的因素很多，积极参与教育科研，在课题研究中成长，是最重要的一个原因。

　　对于教育科研，一线教师往往把它看得很神秘，进而畏难，产生距离感。法根却用生动的案例告诉人们，教育科研离教师的教育生活是那么近、那么可亲："一个经常不做作业的孩子，会让你头疼不已，视作麻烦。然而，这个孩子没有做作业，居然敢来上学，居然脸不红心不跳地坐在课堂里，居然任你批任你责，甚至你冲动地叫他'滚'，他也不曾挪动半步……这不和不明飞行物一样，是一个待解之谜吗？假如这么想，你便会对这个孩子充满了好奇，忍不住去探个究竟；再假如你转化了这个孩子，那么恭喜你，你已发现了教育的一个秘密，你也成了学生成长旅程中的重要他人。这，便是教育研究！"

就像法根说的那样，法根的教育科研首先体现在他善于发现问题，把最令人烦恼的问题转化为课题，做到"课题问题化"。他的组块教学课题就是由问题转化而来的——

20世纪90年代，小学语文教学"高耗低效"的问题十分突出：语文课"教"与"不教"几乎没有差别；同一篇课文，不同的教师教的几乎全然不同；一篇课文所潜藏的语文知识无所不有，字词句篇、语修逻文、听说读写，教师唯恐教得不完整，便沿着课文一路教下来，星星点点的语文知识，多而杂，碎而浅……教师教得累，学生学得苦，问题的症结在哪里？"语文教学内容的碎片化"——法根敏锐地感觉到问题所在。于是，法根一直追问这个现代语文的难题，也在探索解决问题的方法和策略。

20世纪90年代，在教育局教科室工作的我，经常听法根的课，发现法根上阅读课与他人不同，他对教材的把握能力特强，哪些需要教、哪些重点教、哪些一笔带过，了然于心；他善于抓住文章中有价值的"点"，并且找到"点"与"点"之间的关联，聚"点"成"面"，形成一个个完整的教学"块"。

因为我在初高中的语文教学中也基本是这样处理教材的，

尤其是那些长篇课文，所以便与法根产生了共鸣。1996年前后，我在《教学与管理》上读到一篇中学教师写的关于作文教学的文章，文中提到"组块"二字，便与法根探讨，觉得姑且用"组块"来概括法根的阅读教学是可以的。后来，我一直在找《教学与管理》上的那篇文章，可惜一直没找到。

在实践上有了解决语文教学问题的基本方法，法根更迫切地想要找到"所以然"。于是，他潜心学习，找寻理论依据，提炼、概括，形成研究的课题。

1997年，他带教五年级一个班，班里的小杨同学，错别字多，课文前背后忘，记性差，默写10个词语，有时会错一半以上，更别说运用了。遗忘曲线、记忆规律在他身上，就是不见效果。他偶然从《阅读心理学》中看到美国心理学家米勒的"组块原理"：组块是一个记忆单位，人的短时记忆只能保持"7 ± 2"个组块，超过9个记忆组块就很难记得住；虽然人的记忆组块数量不能增加，但可以扩大每个组块的容量，进而实现记忆质量的飞跃。他试着将这个原理迁移到小杨同学身上，将课文中的词语进行归类，每一类3~4个词语；一类词语为一组，每次默写3~4组词语。果然，默写3组共10个词语，小杨同学基本默写对了，也记住了。

于是，法根的"组块"的初步实践与米勒的"组块原理"产生了碰撞，组块教学的课题便应运而生了。

曾经有文人风趣地说过，如果你有了一个真有趣的问题天天逗你去想他，天天引诱你去解决他，天天对你挑衅笑你无可奈何他。这时候，你就会同恋爱一个女子发了疯一样，坐也坐不下，睡也睡不安，没工夫也得偷出工夫去陪她，没钱也得撙衣节食地去巴结她。没有书，你自会变卖家私去买书；没有仪器，你自会典押衣物去置办仪器；没有师友，你自会不远千里去寻访师友。法根就是这样，当他找到组块教学的研究方向时，就如遇上一个众里寻他千百度的恋人，便朝思暮想，不离不弃。

　　法根用了近 30 年的时间持续研究一个主题："小学语文组块教学"。2001 年，"小学语文组块教学实践研究"立项为江苏省教育科研"十五"青年专项课题；2006 年，"智慧解放教育理念下的小学语文组块教学研究"立项为江苏省教育科研"十一五"重点自筹课题；2012 年，"关联理论视域中的小学语文组块教学研究"立项为国家社会科学基金"十二五"规划 2012 年度教育学一般课题。

　　这些课题相互关联，环环紧扣，步步深入。三轮课题研究分别从教学论、课程论、语用论三个不同的视角，力图解决语文教学的三大问题，提出了破解之道：一是目标的"言语性"。语文学科的本质属性是"言语性"，即运用语言的科学。发展言语智能是语文教学的核心目标，指向"言语实践"是语文教学的正道。二是内容的"结构化"。围绕"言语智能"这个核心，将学生的语文经验与教材的语文知识进行整合，形成以能力为内核的内容结构，重构语文课程与教学内容，促进学生言语认知结构的改善。三是活动的"板块式"。根据学生的年龄特征，将结构化的语文内容转化为具有聚合功能的活动板块，板块与板块之间契合教学逻辑，呈现言语实践的发展阶梯。语文教学活动从"线性"走向"块状"与"网状"，促进一个板块活动达成多方面的发展。

法根用"一生只做一件事"来概括自己的研究特点，我觉得那是"咬定青山不放松"的执着！

如今，回顾那段研究的经历，法根不无感慨地说："的确，有了'组块教学'，我的教育生活中就有了主心骨，再忙再累，也会感到心安，也会有一种发自内心的快乐。即使在最疲劳的时刻，只要和人一谈起语文教学，一聊起组块教学，便会莫名地兴奋起来，整个人充满了精神。看书时，只要在文中发现与组块教学有关的概念或思想，那些词句和章节就会从书里面跳出来；有时看一些闲书，也会自觉地与组块教学产生无限的联系。如果没有这样一个魂牵梦萦的教育问题，即便满屋子都是好书，你也不会有读书的冲动，更不会从中有所发现。心里装着一个值得你研究一生的课题，你的人生也会烙上研究的印迹。"

法根的科研思维还是系统化、集约化的。我在整理工作笔记以及有关材料的时候，惊喜地找到了"组块教学纲要（讨论稿）"。当时，吴江教育局把小学语文教学改革作为吴江教学改革的重点项目来抓，成立了小学语文教学改革中心组、小学语文教学改革实验学校，薛法根、顾桂荣、谈永康、徐国荣、张菊荣等 18 位年轻人成为中心组的首批成员，我一直戏称他们是语文教改长征路上的"十八英雄"。其时，我在教科室工作，因为教过语文，便与胡继渊主任一起配合教研室，算是"指导"中心组的科研工作，我戏称自己是帮中心组"拎包的"。

当时，法根是中心组的核心人物，他的教学研究方向基本确定，就是组块教学。怎么去研究、怎么去深化组块教学，法根苦苦思索，进行了系统的思考。在那份发黄的"纲要"中，法根分别从组块含义、理论依据、教学程序、组块创设等方面对组块教学做了整体架构。我还找到了 1999 年 8 月 28 日的小学语文教改中心组的会议笔记，法根从基本框架、指导思想、结构研究、研究思路等方面系统设计组块教学。会议上基本形成共识，并要求撰写方案，深入论证。我估计"纲要"应该是在这次会议后形成的。

无论是讨论交流，还是形成纲要，法根对组块教学的系统性思维、整体性架构的研究思路无疑为组块教学今后的研究奠定了基础，而这也正是教育科研与碎片化研究的不同之处，这在 20 世纪 90 年代是不简单的。

法根钟情于科研，依托科研探索组块教学的理论与实践问题，之所以能结出丰硕的成果，是因为他"仰望星空"与"脚踩大地"的完美结合。他的课题研究不是就课题而"课题"，而是走进课堂，成就学生。尤其是他创立的"一课三磨"的研究范式，是他成功的密码。

"好课是磨出来的。"法根对我说，"对教学研究而言，不求最好，就难以把握教学的本质和规律，只能凭经验办事，只能停留在低水平的重复。一课历经'三'磨，才能从中发现教与学的科学规律，破解课堂教学的'暗箱'，实现课堂教学的深层变革。"

他的"一课三磨"，就是围绕一篇课文，从教材解读、活动设计、课堂调控三个环节，反复研究，在教学内容研制、学习方式转变及言语活动设计上积累经验，提炼具有普适性的实践方法与策略。"一课三磨"将课题研究的新思想逐渐转化为课堂教学行为，提高了教师的教学理解力与实践力。

法根的磨课，磨的是课，"磨出来的是专业""磨出来的是信念""磨出来的是风格"！

"磨课"不仅仅是课堂教学的实践，更是法根进行科研的一种重要方法。

法根不仅教学基本功扎实，他的科研能力也是扎实的，尤其是他善于在研究中反思、提炼、归纳，形成经验，并将其升

那棵树　那座山

华为理论。其中，他对实践的概括能力是超强的，"为言语智能而教"，高度凝练出组块教学的目标；"四个走向"（走向智慧、走向生活、走向综合、走向运用）概括了组块教学的基本原则；"内核"创造性地揭示了组块教学中板块组合的内隐机制……

时至今日，已然成为名师的法根，还是那么地钟情于教育科研，他与教育研究"相恋到永远"！

跨　　界

　　2000 到 2003 年，我在吴江高级中学分管教科研的时候，组织了一个专家进校园的系列讲座活动，请到了朱永新、李镇西等教育专家，在沉寂的高中校园里掀起了波澜。

　　当时法根也就 30 多岁，尽管没有像现在这样大红大紫，他也已经是吴江青年教师的楷模。于是，我请法根来学校给青年教师做场讲座，结合他自身讲讲青年教师如何在科研中成长。法根有点顾虑："我一个小学语文老师，到重点高中去讲，跨度太大，不行吧。"

　　一个小学教师给高中教师做报告，算是一种"跨界"吧。当时，我请法根来讲，是想"刺激"学校的青年教师，让他们从法根身上找到成长的勇气、成长的路径。我对法根说："你行的！只要讲故事，不必讲道理。"

于是法根"跨界"来吴江高级中学做一场教师如何做科研的讲座，那是2002年3月1日的晚上。法根结合自身的经历，谈中小学教师应研究什么、如何研究。法根说了几个要点：一是研究自己，要认识自己、设计自己、发展自己；二是研究学生，要学会观察，要采用迂回战术；三是研究教学，要走好"三步曲"——模仿、借鉴、创造。法根用"山""水"做比喻："山是山，水是水"（模仿）；"山不是山，水不是水"（融合）；"山还是山，水还是水；山不是那个山，水不是那个水"（创新）。生动的比喻以及接地气的案例，引起学校青年教师的强烈共鸣。第二天，还有许多教师沉浸在前一晚法根生动的讲座中。

翻阅当时的工作笔记，发现我认认真真记了满满的3页。也许是受当时法根讲座的启发，我于2006年撰写并发表了《"自己"，中小学教师教育科研的关键词》一文。我提出：中小学教师的教育科研，一是为了"自己"，以实践第一为价值取向；二是"自己"要做，以构建文化为研究机制；三是研究"自己"，以教育生活为研究的内容；四是"自己"能做，以大众研究为途径。

对于法根，一般的认知，他是一位优秀的语文教师。一般人认为，法根的研究领域在语文教学。其实，法根是个多面手，他的研究是跨界的。对于学校的文化建设、文化管理，法根有着他独到的视角以及精辟的观点。我于2003年到吴江市教育局工作，十分重视中小学的文化建设，专门在局教科室成立教育策划中心，牵头对学校的文化进行设计、论证。我喜欢请接地气的专家，法根就是其中一位重量级的人物，他经常跨界去"为他人作嫁衣"。

原平望幼儿园的园长夏丽萍至今记得当年法根为他们幼儿园设计文化的情景，竖起大拇指说："法根是幼教园地的'播种'人！"

走进原平望幼儿园，最醒目的地方张贴着"亲亲有爱，生生不息"八个大字。它既是夏丽萍与她的伙伴们对"爱与生命力"持续探索的见证，也是法根对原平望幼儿园未来的展望。

夏丽萍回忆说："10年前，众多幼儿园轰轰烈烈打造着办园特色。'如何理解幼儿园的办园特色''办园特色和孩子发展是什么关系''特色发展之路到底该怎么走'等问题困扰着我们，我们举办了一个题为'平望幼儿园特色发展之路探寻'的主题论坛。"

对于这个论坛，我印象很深，我也参加了，时间是2014年4月28日上午，一个风和日丽的日子。论坛上，法根清晰地表达了他的观点："平望幼儿园的办园特色打造要基于多年来的积淀，应该抓住一个关键词'田园'""对'田园'这词

那棵树　那座山

要做解读，从物质层面到精神层面，从'田园'内容到'田园'方法"要逐步建构起自己独特的'田园课程'""要在一日活动中去实施课程，要基于生活，以游戏为基本方式，让孩子在玩中学……"法根思路之清晰、理念之正确、方向之明确、操作之可行让夏园长惊叹不已，赞叹说："薛老师，您竟然还是一位学前教育专家啊！"法根笑着说："教育本质是相同的，理念是相通的。"

接下来的几年，法根无论多忙，都惦记着这所幼儿园，一次次来幼儿园听汇报、看活动，探讨，答疑解惑。

夏园长说："在薛老师的指导下，我们'幼儿园田园课程的开发与实施'课题在省里顺利立项；我个人被评为江苏省基础教育课程改革先进个人；我园的'亲亲田园项目活动'荣获江苏省第二届基础教育课程改革教学成果一等奖。"

从小学到幼儿园，从语文教学研究到幼儿园文化建设，法根再一次跨界了。而他的组块教学，也尝试着跨界研究。

盛泽实验小学教育集团党委副书记曹忠是体育教师，与法根是同事，追随法根研究教学改革。在法根的指导下，曹忠老师尝试把组块教学引入体育教学。

2013 年 11 月，曹忠老师的课题"在组块教学理念下小学体育课堂协同教学模式的研究"，被立项为江苏省教育科学"十二五"规划重点自筹立项课题。

这个课题将法根的组块教学理论引入小学体育教学，将组块教学与协同教学有机融合起来，是一个创举。

法根与曹忠一起谋划课题的研究目标、思路，研究的重点、突破点，着眼于理论与实践的结合，把厘清组块教学理论与小学体育教学的关联、组块教学理论与协同教学的关系作为课题的基础性研究，把组块教学在体育课堂中的应用作为实践的重点。

在课题的研究过程中，曹忠明晰了"为学生知行能健协同发展而教"的教学主张，更让协调教学形成范型。曹忠在核心期刊、国家级期刊、省级期刊发表过30多篇论文，出版专著《小学体育协同教学》。2022年，他也成为省体育特级教师。

跨界研究也使得组块教学的研究得到了延展、深化。如果在知网以"组块"为关键词进行搜索的话，我们会发现，无论是小学、初中、高中，甚至职业类学校，也无论是语文、数学、外语、物理、化学，还是劳动、艺术，都会不约而同地把组块教学的理念应用其中，"组块"的跨界已经到了一个高度。

当下，跨界教学是一个时髦的研究主题，程开甲小学把跨界教学作为学校课程改革的重点项目，而法根亲自去实践，与教师一起探索学科统整的新课题。

2023年4月11日，程开甲小学教研开放日系列活动之"跨学科学习"任务群教研活动顺利举行。马莹、陶晴怡、潘思怡三位教师分别教授了"难忘小学生活"一课。法根从跨学科学习的发展、跨学科学习任务群的解构，以及"难忘小学生活"三个课时的活动设计，做出了深度解析，提出了"三三四四"模型。

"三个基本特征"："始于问题""跨在联结""旨在语用"；

"三个教学要义"："拓展学习资源""策划多样活动""学会团队合作"；

"四个建构思路"："以语文综合性学习为基础""以跨学科的大主题为内容""以跨学科的大观念为核心""以跨学科的大任务为载体"；

"四个操作策略"："语文本位，用其他学科助力语文学习""双向整合，语文与其他学科高度整合""工具辅助，用语文的方式解决各科问题""超越学科，各科素养融合为完整的人"。

法根的阐释，从实践中来，到实践中去，阐释的内容系统、深刻，具有实操性，让教师们豁然开朗。

人生究竟要读多少书

　　一谈起教育，一走进课堂，法根会热情澎湃，激情昂扬，但独处的时候，法根是一个文静之人，他喜欢静静地读书，静静地思考。

　　尽管是农家的后代，尽管父母都不识字，但丝毫不影响法根对读书的喜爱。小时候，看到村里的大孩子都背着书包进学堂，他缠着父母要读书，感觉那是一件幸福的事，由此萌发了当教师的梦想。考上江苏省新苏师范学校后，当其他同学利用周末去游历姑苏城里的名胜古迹的时候，他把三年的中师周末时光定格在一个"窗台"，当起了宿舍协管员。在窗台前的大桌上，法根挥毫泼墨练书法、练国画，还有就是读名著。不管窗外人来人往、嬉戏喧闹，法根自顾自凝神静心。

　　　　　　　　　　　　　　　　　　　　　　　那棵树　那座山

"人生究竟要读多少书"，这是法根一篇文章的题目，一个值得人们思考的问题，尤其是一个踏上三尺讲台的教师需要去解决的课题。

优秀教师的成才之路都是用书籍铺筑起来的，法根就是这样的典型。他坚持从烦琐的教学事务中摆脱出来，挤时间读书，把读书当作第一精神需要。无论在哪里，法根的包里都放着几本教育书刊，随时翻阅。一遇到新鲜独到的言论，必定用笔圈画下来，默默地念记，有感想，就随手写在书刊上、写在手边的笔记本上。

法根的读书是带有"研究性"的专业阅读。2012 年，他主持了国家社会科学基金"十二五"规划教育学一般课题"关联理论视域中的小学语文组块教学研究"，为了研究认知语用学中的"关联理论"，两个星期里他通读了《关联性：交际与认知》《语用与认知：关联理论研究》《语用三论：关联论·顺应论·模因论》三部理论专著，从而奠定了课题研究的理论基础。

法根还一直坚持做实践与思考的"体操"——写教育日记（或教育随笔），将实践的点滴做法和体会及时地记录下来、积累起来。他总结自己的读书与思考的经验："书本上的知识只有在思考者的手中才能活化为真正的智慧，教师的思考使书本上的知识增加了'附加值'，增加了'情感的力量'。"

法根的大徒弟徐国荣说过这样一件事：有一年，他与法根去杭州学习，前后五天，法根一天也没有出去玩。带了两本书，一定要分一本给国荣看，说是那样的书至少要看两遍。国荣被缠着，也出不去。国荣深深佩服法根读书的"定力"，国荣说："我觉得，法根就像一棵榕树，越长根须越长；根须越长，吸纳的东西就越多。他的枝繁叶茂、郁郁苍苍是必然的。"

"活到老，读到老。"人生究竟要读多少本书才够呢？有人说，人的一生只要读三四十本书就够了，这三四十本书读完了，就有了人生的压舱石，不会在生活的风浪中摇摆翻船。法根认同这样的数字定位："这三四十本书，一定是人生必读的大书！这些书奠定了一个人的精神底色，给予人生的方向与生活准则。"因此，法根读书是有选择的，作为语文教师，他主要选择三类书阅读：一类是教育教学基本原理的书，一类是教育教学最新成果的书，一类是儿童文学方面的书。

2011年12月5日，第二期江苏"人民教育家培养工程"开班。法根成了其中的一员，被安排在管理组。作为管理者的法根，对于学校管理、小学教育的变革等有诸多的研究，但是，对管理方面的系统学习还是缺乏的。于是，在导师的指导下，法根选择了阅读巴西教育家保罗·弗莱雷的著作。选取了《被压迫者教育学》《解放教育学》《希望教育学》三本专著，试图全面解读弗莱雷的教育思想，并做出自己的理解。一本《被压迫者教育学》，他读了两遍，还觉得没有完全读透。由于其中"解放教育思想"与他课题研究中的"智慧解放理念"有很多相似、相通之处，因而他对其特别感兴趣。

"《红楼梦》不读三遍，就没有发言权。"的确，像《红楼梦》这样的经典之作，其丰富的内涵、精深的理论，需要反复地阅读和思考，或许三遍之后，才有可能领悟到其中的奥秘。法根在读《关联性：交际与认知》时就是如此：读第一遍，他边读边画重要词句，还理不出关联理论的头绪；读第二遍，他把重要概念、原理做了摘记，梳理出了关联理论的基本思想，心里有了点儿底；读第三遍，他边读边作批注，把自己的教学经验与理论阐释对应起来，常常有眼前一亮的感觉。于是，法根概括出"一文三读"的读书模式。

法根胸藏诸多经典，却几乎不给教师开书单，根本原因在于大家没时间读。基于这种现实，他提倡"实用型"阅读。

一本厚厚的理论专著，在教师眼中就是一本工具书而已。法根认为，如果不能解决具体问题，就算你天天啃苏霍姆林斯基的书，也是"耍流氓"——这是把江苏人的"活实兼用"发挥到了极致。

这种实用主义，给教师的成长指明了方向。在法根的引导下，如果想认识教育的问题，就读《反思教育：向"全球共同利益"的理念转变？》；如果想认识课堂的本质，就读《学习的本质》《读懂课堂》；如果想了解什么是儿童观，就读《儿童立场》……

当然，法根读书也有娱乐性的随便翻翻。桌案、床头摆放着他喜欢的报纸、杂志，空闲时便随手翻阅，当作惬意的消遣，也是精神的愉悦。他喜欢《读者》里的小品文清新优雅，喜欢《杂文报》中的时评深刻尖锐，也喜欢《参考消息》上的时政要闻。至于小说等文学作品，只有在假期里，他才有时间去欣赏一番、沉醉一回……

即使闲暇时随便翻翻《读者》等杂志，他也还是会专业性地将其与教育联系起来，进行"关联性"阅读。每逢读到哲理性的文章，法根都会不自觉地将它与教育教学联系起来，似乎自己长了另一只眼睛，能够变换视角，"另眼"看教育，不断有新的发现，获得新的启示。这就是法根的"教育意识"，一个具有自觉的教育意识的人，眼中所见无不成为教育，他才活在教育中。

法根告诉我："尽管要读的好书很多，但选择与自己的研究有关联的书，真的很'解渴'，正所谓'书到用时方恨少'。读别人的书，想自己的事。这样的阅读，可以借用别人的理论和智慧，思考自己的问题，时常有惊喜的发现和灵感的顿悟。阅读，真的可以让人'聪明'起来。"

第二张脸

组块教学江阴工作站的蔡海峰老师写过一篇文章，记述法根公文包的"三大件"，其中一大件是"笔记本"。蔡老师这样写道：

"薛老师的公文包里还有一样东西是每次必带的，那就是笔记本。薛老师换笔记本的速度绝不亚于他的阅读速度，不用多久就会写满一本笔记本。每一次活动，薛老师总是准备了满满一笔记本的内容与我们分享。在活动过程中，薛老师总是把每一位学员的发言认真记录并做深入思考。我不止一次看到薛老师在活动过程中换笔芯……"

对法根的笔记，我的印象也是相当深的。在开会、研讨活动中，法根专心听别人发言，认真记笔记，与他教学、研究的状态别无二致。我觉得，法根记笔记以及法根的笔记是他的"第二张脸"。

法根的笔记本十分"普通"，大部分是黑色的封皮，甚至是纸质的封皮，但是这些笔记本记录了法根工作 30 多年以来的所见、所闻、所思、所感，是"厚重"的。组块教学研究室的小朱跟着法根已经近 10 年，关注着法根的笔记，他告诉我："大到国家级的科学研讨活动，小到校园里听普通教师的一节课，薛校长都会在笔记本上仔细记录。活动多的时候，光一个学期，就要写满四五本本子。薛校长按照本子使用的时间顺序一本本存放起来，于是这便成了他一笔宝贵的财富。"

因为是"财富"，法根的笔记本愈加"厚重"。这些笔记不仅仅是他教育生涯见闻、感想的记录，更体现了他为人处世的理念与态度。

尊重人、关爱人，是法根人生哲学的根本。无论是听课，还是听报告，抑或是一般的工作会议交流，他都认真对待，认真记录。就听课来说，无论什么课，即便是不出彩甚至很失败的课，他也听得凝神专注，时不时记下自己的感受与思考。法根说，即使是最不成功的课，总有那么一句话、一个细节、一个可能不成熟的想法会给自己以启发。悦纳，善于学习，虚心学习，这或许也是法根的成功之道。

北京的王文丽老师说过这样一个故事：

那棵树　那座山

一次，我们一起听一位教师上课，我觉得那教师扭怩作态、课堂索然无味，就摆弄起了手机。他瞥了我一眼，以此表示批评，自己则很认真地做着笔记。我皱着眉头嘟囔道："这种课有什么好记的啊！"他说："怎么会没得记？可以记下他的问题，可以记下自己的思考。你知道了他哪儿不好，你也就知道自己要去向何方了啊！"后来，我了解到他有几十本这样的听课笔记，每一堂课都记录得完整、清晰，尤其是他的字写得极好，像他的人一样，端正、清秀、干净。

法根听课时，眼里不仅有教师，更有学生。教学活动设计是教师的自我展示，但是一堂课成功与否，关键在于学生的成长。所以，他会仔细观察学生的表现：上课情绪是否高昂、注意力是否集中、表现是否有进步……这些都成了他评价课堂的重要依据，也是他由观察别人的课从而改进自己的课的本源。

严谨，追求完美，是法根做事的个性，他做笔记也是如此。法根的笔记很规整，一般在笔记本的第一页写上开始的日期，等到用完的时候把结束日期再补上。记录活动时，他都会先写上日期，再写上活动或者教研的主题、参加的人物等，十分严谨。如果是听课，每一堂课都记录得完整、清晰。他不仅会把执教教师的教学步骤记录下来，还会把每个环节所用的时间都精准记录。

他的同学任焱记得："有一天到琅琊路小学观课研讨，我和他恰巧坐在了一起。谈起他要到徐州来执教的《青海高原一株柳》一课，他翻开了自己的笔记，谈起他对文本的解读。我伸头一看，惊讶不已：从课题的理解到作者的经历，再到文本的主旨、结构、写作的秘妙……隽秀的小楷密密麻麻写了三四页之多！没想到以他现在的功力和水平竟然还这么认真地进行文本细读！而且把自己的所思所想一字不漏地写下来！"

对此，蔡海峰老师有同样的印象："一次听课，坐在薛老师身边，我自以为自己的听课记录做得非常认真了，没想到薛老师满满当当地记录了几大页，甚至听课老师一句不经意的话都被记录下来，在记录的文字旁边则是他对课堂的即时思考。"

更为难能可贵的是，法根把"记"与"思"结合起来，进而去"改"。不管是听别人的课，还是听别人评价自己的课，法根都如一个小学生那般认真地听、认真地记，同时，他的脑子会飞转，想着如何改进和优化，快速地把所思写下来。

桂林的刘艳红老师记得这样的情景：

2013年10月，她去盛泽实验小学交流学习。听课的时候，法根就坐在她前面。刘老师发现，法根像小学生一样，一直认真地听记着，不一会儿，刘老师就偷窥到他的笔记本密密麻麻地记满了。在法根身边，刘老师不好意思偷懒。

刘老师回忆说："当天，我讲课的内容是《一个小村庄的故事》，其实这篇课文在回民学校我已经对全校所有四年级学生上过了，我上得行云流水，自我感觉非常好，课后其他老师的评价也都很好。但是薛校长给我评课，足足讲了53分钟，比我上课的时间还长，那情景我至今记忆犹新。"

后来，刘老师用这堂课参加桂林市的比赛，得了第一名；代表桂林市参加广西壮族自治区的比赛，获得特等奖。

法根的笔记是他的"第二张脸"，也给了他人一张"灿烂的脸"！

研究过法根笔记的小朱说："在薛校长的眼里，只有更好，没有最好。所以记录的同时，他就开始思考改进和重构的办法。课堂不应该是一家之言，而是百花齐放。同一个生长点应该有各式各样的教学活动，所以薛校长从不满足于一种、两种设计，他总是在改进中自我突破，听课也就成了他备课的'法宝'。"

在20世纪90年代初，法根跟着华东师范大学的杜殿坤教授做科研，杜教授是翻译苏霍姆林斯基著作的第一人，由此，法根成为吴江最早接触、学习、研究苏霍姆林斯基的人。法根发现，苏霍姆林斯基的《给教师的建议》就是一本教育日记，而它折射出了苏霍姆林斯基教育思想的光辉。平凡孕育了伟大，平凡的教育日记不也能孕育出伟大的教育思想吗？于是，法根的笔记中多了一种类型——教育日记。

法根在总结自己科研经验的时候说："多年来，我坚持做实践与思考的'体操'——写教育日记（或教育随笔），将实践的点滴做法和体会及时地记录下来、积累起来。或许，你真正闪光的教育思想就蕴藏其中。"

1990年秋天，法根组织学校青年教师成立了理论学习"夜校"。一开始有10余人，到1991年秋时超过70人。法根不仅自己学理论、做笔记，还带领其他青年教师一起学、一起记。他们围绕实验班教学的需要，以《学与教的原理》《教学论》等作为教材，轮流"主持"，以一人主讲，其他人发表学习心得的方式交流，教育理论水平很快得到了提高。他们对课题进行集体攻关，群策群力，发挥了集体智慧。"理论夜校"的成员成了学校第一支科研尖兵，成为学校开展教育科研的中坚力量。

回忆自己的成长经历，法根告诉我："优秀教师的成才之路都是用书籍铺筑起来的。我坚持从烦琐的教学事务中摆脱出来，挤时间读书，把读书当作第一精神需要。我知道自己没有整块的时间用于读书、写作，就利用那些细碎的时间。无论在哪里，我随身携带的包里都放着几本教育书刊，随时翻阅，一遇到新鲜、独到的言论，我必定用笔圈画下来，默默地念记，有时有感想，就随手写在书刊上、写在手边的笔记本上。"

法根的笔记不单是记录，更多的是他的学习和思考的过程。所以，法根的读书笔记十分"抢手"。小朱感慨地说："薛校长经常读书，教育界最前沿、最新的动态和理念他都要第一时间阅读和了解，然后把听到的、读到的好的观点和新的概念记录下来。最佩服他的一点是，等他需要用到这些内容的时候，他总能精准地找到是在哪一本笔记本的哪一个位置。"

法根常说，写论文找话题很简单，每天在一张小卡片上记录一个词或一段话，等到需要的时候随机抽几张，就有了方向。法根的笔记本就像是一本前沿的教育卡片"合集"，有了这样的学术支持，做起研究来也是事半功倍。对此，法根也曾经调侃"他们都想要我的笔记本"，一本笔记本的价值不亚于一本学术期刊。

当然，随着现代笔记手段的更新迭代，法根也不拘泥于手写笔记。蔡海峰老师记得，法根去江阴工作站第一次给他们讲课时，随手从自己的公文包中掏出了一小本打印纸。大家都以为这是薛老师今天的讲课材料，法根却露出他那招牌式的笑容，对大家说这是新课标，不过是打印缩小版的。

蔡老师很好奇地凑过去看了一眼：在这本打印版的课标上，密密麻麻地圈画着一些词语，下面还做了各种颜色的批注。

法根笑着解释，这是他对新课标关键词的统计梳理，这样做能更好地理解课标，更好地理解当下的语文教学。法根说："课标是'语文教学的宪法'，是我们语文教师应该随身携带的东西，走到哪里就带到哪里，在工作学习之余不时拿出来读读想想。这样我们才能做到知法、懂法、守法，我们的语文教学才不会迷失方向。"在法根的垂范下，蔡老师与江阴工作站的伙伴也渐渐习惯把新课标随身带着了。

字如其人，笔记也如其人，法根的笔记是他的"第二张脸"，是他人格、品格的真实写照！

感恩的心

感恩之"恩",下面是"心",是在告诉人们需要用心感受生活,感受他人,感受自然,感受到"恩"的存在。无论是谁,无论贫贱或富贵,只要用心,随时都能体验到令人动容的感恩之事。且不说家庭中的,就是日常生活中、工作中、学习中所遇之人给予的点点滴滴的关心与帮助,都值得我们用心去感恩。

法根是个感恩的人,若干年前有人问他为什么不离开盛泽、不离开吴江,他说:"当这方沃土给予了我丰富的成长营养,我的心中常涌起的是感恩之情,我要回报,要反哺!"

作为校长,在管理上,法根也有一颗感恩的心。对于自己的成长,法根缩小的是努力、付出与汗水,放大的是自己得到的关心、提携、照顾：他把个人的努力奋斗看作是理所当然的，却对帮助过自己的领导、同事铭记在心，感恩于心。

法根说："我是在这里成长起来的，我的老领导、老同事给了我很多帮助，所以成为特级教师后，我觉得我有责任和义务留在学校培养更多的人。"

由此，在学校管理上，法根首先是理解、尊重教师。在青年教师的眼中，法根像"神"，十分令人膜拜，但是法根从不谈及自己的成功，没有校长的架子，言谈之中总会和他们探讨教学的思考和困惑，就是一个小学"语文教师"，而不是校长、特级教师；他会和大家站在一起，倚靠栏杆，微笑着闲聊，像个年长几岁的同事。盛泽实验小学的教师对法根是敬佩，而不是敬畏，只觉得法根可爱、可亲。

如何理解教师？法根首先是倾听，让每个人发表自己的见解，听到每个人内心真实的声音，让"思想"在彼此交流碰撞中产生共识。为倾听教师的心声，法根在学校开设了"杏坛论语"，一个让教师发出自己声音的舞台。"今天你怎样做教师""认识自己、成就自己、超越自己""做个有心人"……可以发现很多教师的"苦恼"：如何应付不讲理的家长？如何应对社会各界的压力？如何获得个性化成长？……倾听之后便是行动，法根制定了很多管理的策略。诸如：面对矛盾——"说破无毒"；有了失误——"立即行动"；遭遇困难——"持续改进"；面对压力——"充满热情"。

因为感恩，法根的管理是成人之美的管理，给教师方向，给教师愿景，更给教师支持。

法根说："要让教师有愿景、有理想、有信念。"他的想法是让教师真正的有追求，这个追求就是"成就受人尊敬的教师"。法根很朴素地跟教师们讲：学生尊敬你，家长尊敬你，社会尊敬你，你就是个好教师。这是法根的梦，是他追求的梦，也是希望教师追求的梦。

为此，薛校长做起了"卖梦人"："让一个人的梦想成为所有人的梦想；让学校的发展之梦成为每一个教职员工的梦想。"

特级教师娄小明至今还记得自己在法根的"卖梦"中成长为特级教师的情景，他是这样记述的——

记得七年前的一天，薛校长要我参加江苏省首届特级教师培训班，我跳了起来："其他成员都是声名显赫，我一个小巴辣子，会坍学校台的。""你能写，课上得也不错，能行的。"去了之后才知道自己与他人的差距有多大，他们已经著述等身，自己连文章也没有发表几篇，心里一直毛毛的。回来后，薛校长轻描淡写地说："不就是写书吗？很简单的，你只要每天写个一两千字，一个月不就是五六万字，两个月不就是 10 来万字，一本书很像样子了！"没有办法，在薛校长的"忽悠"下，只能硬着头皮写。几个月下来，居然写了 20 多万字，拿给校长一看，居然得到肯定。薛校长跑前忙后，把它看成了自己的事情，向主编推荐，联系出版社，承担发行任务……书终于出来了。校长又趁热打铁："你看出书不难吧。但是要得到大家的肯定，还需要在课堂中有突破。"我点了点头，无形中一种更高的追求填满了我的心胸。竞赛课、公开课、示范课，我的课堂教学也有了突破。这时，薛校长说，你可以申报省特级教师了。特级并不神秘，特级并不遥远。我在心里说，我已经做好了准备。2014 年，在第 30 个教师节来临之际，我终于拿到了特级教师的荣誉证书。梦想实现的那一天，看到台下薛校长那张绽开笑容的脸，我的心中也开出了一朵花。

在盛泽实验小学有个特级教师群，除了娄小明，还有沈玉芬、徐国荣、王晓奕、曹忠……他们都是在法根的"卖梦"中梦想成真的，这在苏州、在江苏省内都是很少见的。

因为感恩，法根的管理是人本的管理，是人文的、柔性的、文化的。

学校管理一定是需要制度的，制度一定不能是冷冰冰的。因此，在办学过程中，法根一直有个追求，就是力图对制度重建或重构。他追求的是制度守护，追求达到文化关怀的高度。比如，很多学校有教师的作息制度、工作制度，硬邦邦的。法根在管理中发现，一些制度对90%以上的教师来说，是无效的，因为大部分人是认真的，只是有几个人不自觉，为了管住少数人，就定了这个制度，让大多数人不舒服。因此，盛泽实小做了一件非常重要的事情，就是把一些只针对少数人的制度撤掉。

最难能可贵的是，作为校长，法根以他的人格来赢得教师的认可与支持。法根说："校长就是要撑起一片蓝天的那个人，你要撑得起来，你要有骨气，你要坚强。关键时刻，校长的立场、教育的立场、学校的底线，这个一定要撑起来，该挑担子要挑担子。"

法根的文化管理还体现在他的管理艺术上，包括批评的艺术。在教师例会上，他并不是以常规的方式对教师进行工作布置或说教，而是以讲故事的方式让教师去体验和感悟。戴建琴校长还记得法根讲过的一个关于种花的故事：有两株同样的花，其中一株花，主人只是定期对它浇水施肥，而另一株花，除了常规护理外，主人还会与它讲话，最后哪株花开得好？显而易见：第二株花开得更好。通过故事，法根让教师感悟到，植物需要关爱，活泼可爱的孩子们更需要爱。通过一个浅显的故事让说教变得生动而有意义，教师们在聆听与思考中领悟了故事中的含义和他的要求。

因为感恩，法根想的永远是"给"，在他眼里，"给"永远比"拿"愉快。

法根觉得，教育是一群人才能完成的事业，而不是一个人的单打独斗。学校是大家的，校长不能把学校当成私人的。法根说："我和许多校长不一样，首先我是一个优秀的教师，我经常想，作为校长我能给教师什么，而不是教师能给我什么。"

"感恩的心，感谢有你，伴我一生，让我有勇气做我自己；感恩的心，感谢命运，花开花落，我一样会珍惜……"

法根就是那个懂感恩而又会珍惜的人，而且自带光芒，照亮别人。

法根说，教师要"像一个灯源，照亮周围的人，这是最好的。教育就是这样的，相互映照"。

把根留住

　　掐指算来，法根从 1988 年踏上工作岗位到现在，在吴江区盛泽镇这块教育园地已经奋斗了 30 多年，他从没挪过一次窝。这在这样一位创造了组块语文教学模式的全国知名教师身上，是很少见的，可以说是一个"奇迹"，是发生在法根个人身上的"奇迹"，更是吴江教育的"奇迹"！

　　在盛泽，法根是没有"根"的，属于盛泽的"外来工"。他是吴江桃源人，爱人家住苏州高新区。当时的盛泽尽管曾经号称"华夏第一镇"，也被称为"小上海"，但毕竟仅是吴江区的工业重镇而已，不是政治文化中心。况且法根到盛泽工作时，吴江还没有撤县设市，各方面的条件与苏州城区相比，差距还很大。法根所在的吴江县第二实验小学是一所典型的弄堂小学，校舍老旧，校园狭小，与法根心目中的学校有差距。

法根作为吴江早期的小学大专师资，按规定可以安排到区域最好的学校去。父辈也希望孩子留在身边，希望孩子在城市生活。而成立于1992年、1994年的苏州市高新区、苏州市工业园区，作为苏州城市发展的新引擎，一片蒸蒸日上的局面，所以，在苏州市高新区工作、生活的岳父一家，多次劝法根去苏州工作。有一年，岳父替他报名了一所国际学校，当他以第一名被录用时，法根却称病推辞了，还是留在相对闭塞、落后的弄堂小学。所以很多年后，当岳父突发疾病离世时，因为不在近边，不能时时陪伴，法根感到深深的愧疚。

法根评上特级教师后，2000年前后，教育系统挖人才之风盛行，吴江就有多位骨干教师去了苏州。这种情况下，苏州、南京、广州、北京等城市名校也向法根抛出了"橄榄枝"。舒适的生活条件和广阔的成长舞台，足以让人怦然心动，法根却心如止水。

中国教育报刊社副社长张新洲说过："当今小语界，薛法根首屈一指。我参加过不少全国的教育研讨会，也接触过不少的教育专家，我常和他们交流，提到小学语文界，他们常说到薛法根。以他的专业水平和管理经验，全国任何一个城市任何一个学校都会向他敞开大门，请他当教师、校长。他却在家乡一直守望着生他养他的那片沃土。"

对此，别人无法理解，法根却有自己的心思。他曾经说过："一个农村的乡镇，这里确实小了点，但教育的天地是无限的。"于是，法根留了下来，他要与盛泽实验小学共成长。

其时，我从吴江教育局教科室调任吴江高级中学副校长，与法根还保持着密切的联系。在吴江高级中学的时候，我曾经请朱永新、钟启泉、成尚荣、李镇西等教育专家到学校作报告、组织沙龙，其中就有法根。

法根的那场报告，主要是谈他的成长经历。法根很谦虚，说是为高中教师讲课，他很忐忑。我说："你是青年教师的榜样，高级中学是一所年轻的学校，有众多年轻的老师，他们需要发展，要提升自我，需要你这样的榜样做引领！"果不其然，法根的讲座引起了教师的强烈反响，甚至一度在高级中学产生了"薛法根热"。法根的报告对吴江高级中学的教育科研、对学校青年教师的专业发展，无疑起到极大的推动作用。现在，当年的青年教师而今的中年教师对法根的讲座记忆犹新。

我听过不少特级教师的课，拜读过不少名师的文章、专著。我发现，有一部分名师，他们上课还是有些套路的，似乎总是那几堂优秀的课。而法根与他人不同，若对他的公开课进行统计，你会发现，不管是散文、诗歌、小说，还是议论文，抑或是说明文、实用文，他都上过；不管什么内容，古今中外，他都敢上；不管什么年级，三个学段的课，他都能上！我想，这就是法根的底气，这种底气来自他扎在语文教学的深深的"根"！

记得，我儿子在吴江实验小学上五年级的时候，法根到吴江实验小学借儿子的班上公开课。因为我平时经常提到法根，所以他十分兴奋，课后告诉我，终于也当了一回薛法根的学生，薛老师的课"真棒"！

我对法根说："按照我个人的经验，你完全可以当初中、高中语文老师！凭你的功底，凭你的努力，你完全能胜任！叶圣陶就是从小学语文老师做起的。"法根连连摆手，自然，法根没有去中学，还做他喜欢的"孩子王"，做一位小学语文教师。

当时，曾经有领导问法根是否会离开盛泽、离开吴江时，他提到了我，也跟我说过，希望我与他并肩再研究小学语文、小学教育。我知道，那不仅表达了他对吴江、对盛泽这块教育热土的热爱，也表达了他的恋旧，对老朋友、老领导、老同事，法根有着不舍的感情！法根不会离开盛泽、离开吴江！

法根说："我的名字当中有个'根'，我想成为一棵树，而不是一只鸟飞来飞去。"

法根的"根"不仅仅留在了吴江，留在了盛泽，留在了盛泽实小，更是深深扎在语文课堂。三十多年如一日，法根从没有离开过他挚爱的语文教学，从没有离开过他喜爱的学生。

法根把"根"深深地扎在了吴江，扎在了盛泽，赢得了学

那棵树 那座山

生的爱戴、同事的敬重，也赢得了家长的喜爱；法根把"根"深深地扎在了盛泽，扎在了吴江，赢得了社会的认可，赢得了同行的敬佩，更赢得了各级领导的关心和支持。

2004 年，法根担任盛泽实验小学校长。为了改善盛泽实验小学的教育条件，盛泽镇政府斥巨资建设了盛泽实验小学舜湖校区，学校占地一百多亩，其时的校门被称为"小学的大学校门"。时至今日，学校的布局、设备还没有落伍。2017 年，盛泽镇再一次投巨资新建程开甲小学，将原来的桥北小学与观音弄校区整合。法根担任第一任校长。学校秉承程老先生"爱党爱国、默默奉献、开拓创新"之开甲精神，以程开甲少年科学院为课程平台，建设科学教育特色学校，全面提升核心素养，培养秀外慧中的盛泽学子，精心打造基础教育的品牌学校。2021 年，新建并落成了盛泽新城实验小学，盛泽实验小学集团由最初的三个校区扩展为五个校区，目前有八个校区。

有人说舜湖校区、程开甲小学等，都是为薛法根量身定建的学校，为的是薛法根的组块教学研究取得更丰硕的成果。我想，政府的眼光应该是为盛泽学子创造更好的就学条件，为了推进区域教育的现代化。法根凭他的威望，在学校的规划、建设上一定起到了独特的作用。法根在，盛泽的小学教育就有了"定心丸"。当然，法根知道自己不可能做一辈子的校长，他培养了像沈玉芬、王晓奕、曹忠等一批年轻人，他们正在扛起盛泽教育的大梁！

2012 年，吴江区委区政府更是以前瞻的眼光，在盛泽实验小学成立了吴江区组块教学研究室。时任区委书记徐明等领导亲自揭牌。组块教学研究室是隶属区教育局的直属单位，给编制、给经费，更给专项研究经费。这在吴江是第一家，在全省也鲜见！

法根把"根"留在了他热爱的热土，做出了巨大的贡献，由此也获得无数的鲜花和荣誉：

> 1995 年江苏省教育委员会、人事局授予"江苏省优秀教育工作者"称号；
>
> 1998 年江苏省人民政府授予"江苏省小学语文特级教师"称号；
>
> 1998 年江苏省教育委员会授予"江苏省'红杉树'园丁奖金奖"；
>
> 1999 年江苏省教育委员会授予"江苏省名教师"称号；
>
> 2001 年教育部、人事部授予"全国模范教师"称号；
>
> 2002 年全国十杰中小学中青年教师评选委员会授予"全国'十杰'教师提名奖"；

2005 年苏州市人民政府授予"苏州市名教师"称号；

2008 年中华语文网、语文报刊社授予"2007 年度小语界十大年度人物"称号；

2015 年获评"江苏最美人物"；

2020 年获评"江苏省有突出贡献中青年专家""国务院政府特殊津贴专家"；

2021 年被授予"江苏省先进工作者"荣誉称号；

……

法根身体一直不好，过度的劳累，一度导致心脏出现问题。作为兄长，我劝他多休息，但是盛泽实验小学教育集团校区多，各种活动多，他又多是亲力亲为，停不下来。怎么办？吴江区教育局讨论决定，动员法根休假。法根总算同意了，局里还给他配了助手主持学校工作。但是，说是休假，他人还在学校，有时还要去帮教师代课。

法根的"根"啊，永远在学校，在课堂，在他的学生中！

我知道，法根深"根"吴江，与他家人的支持是分不开的。

他的妻子吴梅英，因为爱情，从苏州高新区来到盛泽，而今做幼儿园园长近十年。如法根一样，吴老师把自己的心血全部投到幼儿园的发展中，把幼儿园当作幼苗一样呵护。"薛法根干的事情都是大事，生活中的小事不能给他添麻烦，何况他身体实在不好，禁不起折腾。"吴梅英说。

2020 年冬，法根的体检报告竟然有足足三页的问题及建议，他的健康成为全家人揪心的事情。法根的母亲细心照料他的一日三餐；妻子默默地在背后鼓励他、支持他；儿子和儿媳妇努力经营好自己的小家庭，不给法根添麻烦。

正因为他的背后有一群爱他的人和他爱的人，法根才能心无旁骛、义无反顾地做自己热爱的事情。

曾经有记者直言不讳地问法根："作为特级教师、名教师，你现在的名气很大，却还身在乡镇，究竟是为什么？"

"一个乡镇小学确实小了点，但教育的天地是无限的。你的心有多宽，梦有多远，根有多深，你的天地就有多大，你的事业就有多辉煌，你的生命就有多精彩。"

法根说的这番话，在他身上已经成为现实！

5

江山皆本色

执　拗

　　"执拗"一词形容固执任性，坚持己见，听不进别人的意见，应该是一个贬义词，用来形容法根似乎不够妥当。"执着"是"执拗"的近义词，是褒义词，本可以用"执着"来形容法根，但是，我还是用了"执拗"。因为我觉得"执拗"程度上比"执着"深，"执拗"也可以形容一个人决定了一件事情或选择了一条路，就不顾质疑与反对、不回头地走下去，直到达成自己的目标。

　　法根钟情课堂，痴情上课，1968年出生的他已经50多岁了，集团总校长、组块教学研究室主任、区教师发展中心书记等，数职在肩，事务缠身，但是他还在学校兼课，每年还要到全国各地上各种研讨课、示范课，乐此不疲，到了"执拗"的地步。

我曾与法根开玩笑说："你都这把年纪了，不要自己上课了，太累了，可以带几个年轻的徒弟去上上课。小学生都喜欢年轻人嘛，有朝气，有活力。"他淡淡地一笑说："进了课堂，面对学生，我才会对课堂、对组块教学有感觉，我才能够去改变、提升课堂教学，提升组块教学。"这倒也不无道理。一个优秀的演员是在舞台上"翻滚"而成长的，教师也必须靠一节一节的课垫起人生的高度。法根靠课堂安身立命，他认为，教师的尊严、幸福、价值，都来自课堂。

《江苏教育》杂志社的阮晓玲曾经这样描绘薛法根："1996年，我为了采访吴江的素质教育曾经到过薛法根所在的学校。那时他还在教科室工作，同时教着实验班的语文，作文教学（课内素描作文、课外循环日记）已经小有名气。记得我们正在会议室，他夹着几本书匆匆走进来，一副刚下课却又把心留在了课堂上的样子。校长为我们作介绍，他似乎笑都没有笑，说是马上还要上课，夹着书又匆匆走了。"法根就是那样"执着"于课堂，"执拗"于课堂。

有一年，他与一位新教师接了一个班的语文教学。开学第一节语文课，那位新教师上《让我们荡起双桨》。你讲你的，我做我的。整个班的学生表现出漫不经心的状态，极少有学生专心听完一节课。甚至有几个学生只听了几分钟，就开始看自己的书。

　　第二天，法根上古诗《山行》。没几分钟，就发现有几个学生开始走神：眼睛瞟向窗外，或者直愣愣地发呆，脸上几乎没有表情。提问时，只有三四个学生举手发言。其他学生也是似听非听的模样，看不出哪些人听到了，哪些人还没缓过神来。多年的教学经验告诉法根，这是一个缺乏专注力的班级。对于这个班级的学生来说，养成专心学习的习惯，比什么都重要。

　　于是，法根"执拗"起来：

　　第三天，上古诗《枫桥夜泊》。法根先进行了几分钟的专注力训练。第一件事，要求每个学生将语文书和作业本叠放在课桌的左上角，只留一支铅笔，其他文具都放在抽屉里。第二件事，要求每个学生的眼睛看着他，与他目光相对。法根用眼神暗示学生站起来，学生就从眼神中领会他的用意站起来。第三件事，要求起立敬礼时精神饱满，听从班长一个人的口令。如此，学生的精神状态改变了很多。开始的十多分钟，注意力明显集中了。但好景不长，学生又渐渐松垮下去了。

　　第四天，上课文《学会查"无字词典"》。这节课，法根只教了生字词和最后一个段落的朗读。一个简短的语段，他领读了十多遍。一个不长的句子，从教读词语、词组开始，分步练习停顿及连贯，直至读流利。最难纠正的是"的"，学生总是拖着腔调，读得又响又长，听着极不舒服，而学生似乎已成习惯。他着力矫正学生的这个唱读习惯，一遍不行两遍，两遍不行三遍。最后，学生齐读时，法根听到了有节奏的朗读声。

第五天，教《做一片美的叶子》。他改变了课始的组织策略，先让学生看画猜字：木，本，未，林，森，休，朱，叶……果然，学生被深深地吸引住了。在那一刻，没有一个学生的眼神是游离的。

"执拗"的法根改变了课堂，改变了学生。

对课堂教学改革的"执拗"，首先体现在法根对课堂价值的认知、对课堂价值的发掘上。法根说过："上课，是一种教师和学生的共同生活，是师生共同生成的一种'有目的'的专业生活。与日常生活不同的是，这种专业生活具有鲜明的'目的性'，指向知识与能力、过程与方法，还指向情感、态度、价值观，不但让人变得更智慧，而且使人变得更高尚。""为学生的言语智能发展而教"，就是他对语文价值的发掘与创生。这种发掘与创生既有高度，又有宽度。

法根的语文课，随着他的组块教学思想，传遍了大江南北、长城内外，被一线教师赞为"最接地气的语文课"。薛法根，这个带着泥土气息的名字，成为最美的语文符号，成为苏派教学的杰出代表，成为中国小语界最亮丽的名片。2007年，法根被中华语文网评为"中国十大小语年度人物"之一。上海师范大学吴忠豪教授赞扬他的课简约朴实、清新自然，"仅靠一支笔、一本教材，却总能让人回味咀嚼，念念难忘"。

法根对课堂教学的追求不仅在价值发掘上有高度和宽度，更重要的是他与时俱进，不断地赋予组块教学新的内涵。20世纪90年代后期，在他刚提出组块教学时，组块是一种技术，是对教学内容的重组。随着教学改革的不断深化，尤其是21世纪初的课改，特别是基于语文要素的单元教学、语文任务群的教学等，法根都善于把组块教学跟单元教学、语文任务群教学结合起来，把组块教学作为落实单元教学、落实任务群教学的一个重要的手段或者一种模式。记得2019年10月，我到上海师范大学国培班介绍组块教学，海南的一位教师对我说，新教材以单元教学为特点，要实施好这套教材，要把语文教学进行一个彻底的变革，只有靠组块教学了！

这位教师的话似乎有点言过其实，却也道出了组块教学与语文单元教学、任务群教学的关联，组块教学与单元教学、任务群教学有很多契合的地方，因为契合，才能有效。而之所以能够契合，就是因为法根与时俱进，不断赋予组块教学以新意，因此他的组块教学是有生命力的，是可持续的。

他在《人在课中央，幸福教科研——"组块教学"的三重转化》一文中，概括了组块教学与时俱进的"三重转化"："做得到"，用课例验证，从课题假设到行动研究的转化；"用得了"，一课三磨，从行动研究到研究范式的转化；"走得远"，为言语智能而教，从研究范式到教学主张的转化。所以，他的课堂教学永远不落后。

其实，这是法根对课堂教学的修炼，他曾经说："修炼课堂，要修炼自身涵养。"他提出，要坚守教育信念，提炼教学主张，特别强调："保持一颗平常心，保持一颗进取心。"我想，这就是他"执拗"课堂的初心所在！

法根的课堂就如他的为人，很简单，很朴素，很受学生的喜欢，也很受教师的喜欢。因为他的课是灵动的，是艺术的。

比如幽默，法根说："宽松而富有情趣的语文课堂能营造一个有利于学生打开心扉、活跃思维、伸展想象的特定时空，使学生在语文学习过程中身心充满愉悦感，让学生的表情变得丰富和生动起来。"有一次，在给学生听写三组词语的时候，很多学生一时没有集中注意力，写了前面的两个词语，后面的忘记了，或者某个生字一时写不出来了。法根说："默写不出可以偷看，只能偷偷地看一眼自己的书，不能看别人的，小心别人的也有错误哦！"学生会心一笑，一扫那种默写不出时的紧张和不安，快速地"偷看"起来，而且看得特别仔细，记得也就特别牢固。

比如提问，我对他的课堂提问印象特别深，尤其是层层推进的追问，让学生通过问题链、问题群，不断深入思考，并且进行概括和提炼，形成观点。教学白居易的小诗《夜雪》时，法根没有用一般的教学程式，比如先从白居易的生平讲起，然后逐字逐句地讲解诗意，最后聚焦诗的意境。他设计了前后关联的三个问题："夜里下雪时，诗人在哪里？（请从诗句中寻找答案）""诗人在床上睡觉，怎么知道外面下雪了？（请从诗句中寻找答案）""下的是小雪还是大雪？（请从诗句中寻找答案）"。这三个问题形成了一个问题链，将诗中的关键字词都串了起来，避免了"碎问"，走出了逐字逐句讲解的套路。学生的思维一下子被激活了，诗句中的字词一个个变得生动、形象起来。

法根说："真正的好课，不仅仅在于教师传授了多少学科知识，也不仅仅在于学生解答了多少学科难题，而在于让师生历经岁月的淘洗之后，还剩下多少值得回味的故事，以及故事背后可以带得走的人生智慧与精神力量。"

不做重复的自己

"人不能迈进同一条河流",这是从物理时空角度说的;"人会不停重复自己",则是从心理时空角度说的。

在现实中,我们时常会发现这样的情况——

有的人教了十年,其实只有一年的水平,因为他简单地重复了九年,熟练是熟练了,却失去了教学的激情与创造。而有的人教了一年,却有了别人十年的水平,因为他每天都有创新、有发展、有进步。

法根很理智:"如果你听到别人的言论感到新鲜,看到别人的课堂产生惊叹,那只能说明你已经落后了。"于是,法根告诫别人和自己:"不要重复昨天的自己!"

法根"不做重复的自己"。他教同一篇课文,每次也会有新的发现，有新的创意。面对不同的学生、不同的环境、不同的心境，法根的教学有不同的状态，常教常新。

2008 年，法根教过三次《番茄太阳》——

第一次，在南京，他把教学的重心落在"这是怎样的一个盲童"。教学中，师生各抒己见。法根引导学生读出了美丽、善良、富有爱心、乐观、坚强等品质。善于反思的法根细细琢磨，觉得这个问题游离了文章主题"心中有了快乐，光明无处不在"，教学停留在对人物形象的感受上，未能深入文本深处读出作者隐藏其中而没有说出来的话。

第二次，在广州，他把教学的着眼点落在了"番茄太阳"这个核心词语上，紧扣"番茄太阳"这个名字的含义，引导学生由表及里、层层深入地揭示其中的丰富含义：第一层，理解这个名字是怎么来的；第二层，进一步感悟这个名字对一个盲童的特别意义；第三层，从名字联想到明明的笑容，引申出笑脸才是最美的"番茄太阳"；第四层，引申出"番茄太阳"不仅是最美的笑容，也是挂在"我"心中的一轮太阳。由此，围绕题眼，学生解读出了"最美的名字""最美的笑容""最美的太阳"，理解力、感悟力得到了提升。

第三次，在杭州，这次上课却出现了意外。学生无法理解一个盲童还能有如此积极、乐观的人生态度，都认为这是虚构的故事，脸上露出不屑的神情。一个学生当场就说："假如我失明了，真是生不如死。"法根处乱不惊，让那个学生设身处地地体验：假如你是一个盲童，虽然你失去了一双眼睛，但是你还有一双手，你可以用手摸一摸黄瓜、番茄，你能感觉到它们吗？那双手，其实就成了你的眼睛啊！虽然你失去了一双眼睛，但是你还有一对耳朵，你可以用耳朵倾听这世界上奇妙的声音。这时，耳朵就成了你的眼睛！学生转换了思维方式，从另一个角度来体验，渐渐地受到了感动，终于发出了感人肺腑的话语："虽然我失去了一双眼睛，但是我还拥有一颗明亮的心！"法根因势利导，缘学而教，"点亮了学情"。学生在课尾写出了这样的感言："心底有了光明，快乐还会远吗？心底有了快乐，幸福还会远吗？心底有了幸福，春天还会远吗？"

同样的课文，不同的课堂，充满了智慧的挑战。法根不因循守旧，不断否定自己，从而有了新的超越。

往前走，不重复，就需要转变。法根一直在努力地转变自己，这种转变更是一种提升。

2011年12月5日，第二批"江苏人民教育家培养工程"开班，法根有幸成为培养对象之一，还意外地当上了小学校长（园长）组的组长。那时，法根尽管是校长，但是他研究的重点是组块教学。记得当时法根跟我说过，他还是喜欢研究学科教学，研究管理似乎有点勉为其难。我对他说，教学与管理其实是相通的，是可以相互促进的。果不其然，法根在教育家培养工程中，不断地转变着自己，丰富着自己，发展着自己。

法根在《改变》一文中记述了那段经历：

——杨九俊院长是导师组的组长，他经常对我们说的一句话是："关起门来，静下心来，好好读几本书。"孙孔懿、金生鈜、周川、董洪亮等导师，给我们列出了一年的阅读书单：《道德领导：抵及学校改善的核心》《脑中之轮：教育哲学导论》《民主主义与教育》《给教师的一百条建议》《被压迫者教育学》等教育专著，以及《安琪拉的灰烬》等文学作品。

——我们聆听了导师杨九俊先生的"理解儿童"、孙孔懿先生的"教育的隐喻"、周川教授的"教育的两种基本价值取向"、顾泠沅教授的"课堂视野中的教师及其指导者"、彭钢研究员的"教育科研的三个问题"等专场报告。

无论是听专家的讲座还是阅读专著，法根的视界开阔了、深远了，讲座和专著中提到的、引用的那些人和书，又给法根打开了第二道视界……一道道的视界相继在他的眼前展开……渐渐地，法根发现，自己就与别人有了一些不同。

作为校长，法根需要考虑更多的教育问题。他一直在想，教育就应该让孩子们觉得每一个日子都是新的，充满了无限的希望和美好的憧憬，让孩子们每天一起床都渴望着早一点进入校园。如何让平凡的教育日子变得新鲜而有魅力？法根打过一个比方："我们吃苹果，都习惯竖着切，看到的是两半一样的苹果；而横着切，你会蓦然看到苹果里面居然藏着五角星！那种意外发现的惊喜，让一个普通的苹果立刻变得有滋有味起来。"同样的道理，教育也需要有创意，于是，法根与他的团队在创新上下功夫——

2010 年前后，为减轻学生负担，推进素质教育，吴江区取消简单粗暴的统一考试，把考试权还给学校和教师。取消统一考试，并不是不要考试，更不是不要教学质量，而是要建立起各司其职的教学质量监控制度，而是要追求更高更优的质量。法根所在的盛泽实验小学早在 20 世纪 90 年代就对考试评价制度进行了改革，在全省产生了巨大影响。进入 21 世纪，法根及其团队"不做重复的自己"，创新教学质量的监控制度，形成有效、优效的教学质量评价机制。

他们以学科年级组为单位，建立常态化的教学自评自测制度。教学中每个单元都有一份基础检测，教师及时采取补偿教学。期中阶段，他们以学科能力竞赛的方式进行质量监控，组织年级学科能力竞赛（单项能力检测、综合能力检测并行）。六年级举行全科能力综合检测，每个学科用半天时间，检测各项核心的能力达标状况。这样的质量标准及定期检测，以竞赛的方式举行，只奖励优秀师生，不仅不会给学生带来太大的压力，还能激起师生的竞争意识。期末考试，则采取综合检测的方式，以课程标准中的合格线为评价标准，着重基本积累、基础知识、基本能力的检测。由学科骨干教师团队研究命题，并经学校科教处审定，确保试卷的难度系数符合课程标准。对于考查学科，则以教师为单位，抽取其所任教的一个班级，再抽取一个学期所学的一个项目，对全班学生逐一进行现场考查。

为贯彻教育部办公厅《关于加强义务教育学校考试管理的通知》精神，2022年6月，盛泽实验小学教育集团开展无纸化综合测评活动。学校依据学科素养设计测评项目，包括词语冒险岛、朗读冲浪岛、故事探秘岛、数与代数、空间与图形、解决问题、英语认读能力和会话能力，用更加科学、合理、喜闻乐见的方式对学生的综合素养及学科知识掌握程度进行多元测评。测评结束，学生们个个笑靥如花，手持的星星卡上盖满印章，这成为学校一道道最亮丽的风景线！

法根从要求自己"不做重复的自己"，到引领学校"不做重复的自己"，勇往直前，不断更新自己、遇见更好的自己！

说真话不丢面子

有个游戏叫作"真心话大冒险"：聚会时一群人在一起相互提问，被问者可以选择"真心话"，也可以选择"大冒险"。在游戏中，只要回答真心话，就可以避免应对提问者设置的具有风险性的任务，但还是有很多人宁可挑战风险任务，也不愿意说真心话。在他们看来，真心话可能是一种更大的冒险。

法根认为，有人常常把假话当成真话说，说久了，连自己都分不清真假。其实，可怜的不是那些被骗的人，而是那些说谎者。常言道，一个谎言需要用一百个谎言去遮掩。法根说："说谎的人，不得不编造出更多的假话，说真话，你就吃得下饭，睡得着觉，笑得出声，这才是最舒心的日子！"

所以，与法根交往时间长了，你就会感觉法根很"真"、很"纯"，他敢说真话。

听课、评课是学校的常规教育教学活动，在日常的听课、评课活动中，却存在种种"怪现象"。如果上课之人是名师、特级教师，评课时听课教师无不绞尽脑汁，翻遍恭维之辞海，竭尽吹捧之能事，严肃的听评课活动堂而皇之地变成了"讨好大会"。

有一次，一位特级教师上课。从课堂效果来看，学生很投入，有的学生还被感动得流泪；从教师教的角度来看，教师花费了大量的精力，把课文讲述的故事放在历史的天空下去解读，还将大量的电影资料剪辑成视频，带领学生走进故事的情境，可谓尽心尽力。教研员以"有深度、有广度、有温度"的"三度标准"对该课做了高度的评价。

听着听着，薛老师忍耐不住了，低声问边上的教师："你对这堂课怎么看？"那位教师没有心理准备，一时语塞，后又觉得，如果换成一位普通的教师，肯定不会如此大动干戈地来上这堂课，也不会把一篇简单的课文上得如此厚重与深沉。法根低声说："如果从这堂课中把课文抽掉，学生也能达到这样的学习效果。"那位教师心一震，觉得薛老师的话虽不多，却一语中的！

法根接着说："课外资料太多，忽略了课文本身的教学价值。教材里面都有编者的意图，如果教师没有认识到这些，没有认识到课文应有的教学价值，这是失职。本来小学生读到一定程度就可以了，为什么要这样搞得很深，云里雾里。要看到学生不是只读 6 年，到了初中、高中他还要读呢，甚至要读60 年。"

法根的真话，尽管是轻声低语，却让那位教师茅塞顿开。

对语文课堂教学中呈现的形形色色的虚假繁荣，法根深有感触：课堂教学，是教师与学生生活的另一种样式，而生活的意义与价值在于它的真实、本色。语文教学的价值就是要让学生经历从不懂到懂、从不会到会、从不能到能的学习过程，并在这样的过程中获得生命的成长。失去了真实与深刻，捧出的是一束束虚假的"塑料花"，艳是艳得很，却没有生命，没有成长的气息。

为了体现课堂的启发式，有的教师张口就提问题，一堂课能问近 70 个问题，问的问题又毫无价值。法根当场直接就批，批到上课教师哭："一定要让他终生难忘，真正触动他，让他认识到问题的严重性，脱胎换骨是很痛苦的，不严格要求有些教师就是上不去。"

法根门下徒弟众多，但他丝毫没有名师的架子，手把手耐心地教徒弟如何备课、如何上课，并且秉承恩师庄杏珍严厉甚至苛刻的风格，对徒弟"盯着不放，严格要求"，对他们说"真话"。

大徒弟徐国荣就深有感触："薛老师对我要求非常高。有一次，我的公开课没上好，他把我狠狠地批评了一顿，说得我都掉眼泪了。我们俩虽然同龄，但我心里把他当长辈。他是第一个骂我的人，也是第一个鼓励我的人，到现在还一直盯我。"

另一个徒弟王晓奕则说："薛老师要求我一个月写一篇教学论文，要求我钻研课文的思想、语言，要求我'要学生背的课文自己在进课堂前先背出来'。我每课的教案他都要看，头一天晚上交给他，第二天拿过来时上面总是有很多红圈。他也总是说'先拿去看，看不懂再来问'。每次听课，他都叫我带手帕，说'我要批评的'。但说的比较多的还是'这一次比上一次好'。"

法根在听课、评课中说"真话"，很多时候是对自己课堂教学的反思，那是严于律己。有一次，他在江阴一所实验小学上《安塞腰鼓》一课。当听课教师高度评价他的教学艺术的时候，法根却对自己课堂上的一个小环节进行了反思，觉得自己当时没能做出更好的选择。在那么多听课教师面前对自己课堂中的不足之处直言不讳，难道他不怕丢面子吗？法根对大家说："特级教师也是凡人，也有犯错的时候，关键是要有勇气直面错误，并想到解决问题的办法。"法根的真话，让人感受到他依然保持着扎根到底的理智与清醒。

当然，说真话也是讲究艺术的。一次，法根给一位青年教

那棵树　那座山

师评课，肯定了她的成功之处，又直言不讳地指出她的不足。那位教师误将文中的科学常识当成教学内容，语文课几乎上成了科学课。起初她很淡定，后来慢慢地低下了头，再也没有抬起来。对于这件事，法根刻骨铭心，他反思说："尽管我说的是真心话，但无意中让这位教师很受伤。说真话也要看场合，千万不能忽视别人的感受。"于是，法根给自己画了一条说话的底线——真话不全说，假话全不说。当然，法根的真话不全说不等于不敢说真话。他说："有些真话，尽管听的人觉着不舒服，但你还是要说，这是一种做人的责任和勇气。"

法根坚持说"真话"，因为他把别人当成自己，他的真话就有了温度。他说："说真话的人，往往是心地善良的人，自己快乐，也让别人快乐。一位好教师的心，一定是柔软的，也一定是善良的。"

灿烂的笑

　　与法根交往，印象最深的是他的笑。法根的笑永远是那么灿烂，那么明净，有时甚至还带有那么一点孩子气，但都会让你感觉到那是涌自内心的情感。

　　法根的笑，感染着你，打动着你，会让你觉得这个精瘦，甚至有点驼背的人，内心永远有一团火，他永远是世界上最快乐、最幸福的人！

　　法根的幸福来自教育。他说："幸福，来源于自己对教育深刻的理解和深切的体验。没有享受到教育幸福的人生是遗憾的；没有为学生传递教育幸福的教师是失败的。"

　　一个好的领导，一定会做梦，会做一个让所有人都不觉为之心动、自觉为之行动的梦！法根的幸福就源于他的教育

　　　　　　　　　　　　　　　　　　那棵树　那座山

梦——他要建设一所令人向往的学校，营造愉悦的教学氛围，努力让每个孩子都有人生出彩的机会；他要让教师幸福地教，让孩子快乐地学！他认为，教育就是为孩子的幸福耕耘。法根守望着他的教育梦想，守望着他内心深处的教育情怀。更厉害的是，他能够把教育梦"卖"给别人。

法根"做"梦，体现了他作为校长高瞻远瞩创造未来愿景的远见力；他更能"卖"梦，善于把学校的教育梦想"卖"给全校师生，"卖"给家长和社会，引起广泛的深度认同和执着追随。提出学校的办学理念、办学愿景后，法根鼓励教师从不同的角度去诠释学校的办学理念、办学愿景乃至培养目标，引导教师在讨论、讲演中解读、内化，达成深刻的理解与高度的认同，进而点亮教师的内心世界，提升教师的精神境界。法根的"卖"梦，体现了他凝聚人心、感召所有员工的领导艺术。

法根的幸福来自他的目中有人。他说："教育是善良人的事业；要把自己当成别人，把别人当成自己；把别人当成别人，把自己当成自己。"因此，法根敬畏生命，他把师生发展、师生成为最优秀的人作为他最大的幸福。

一般都认为，名师的课往往好看却不好学。可是，法根的课堂无论是"看"还是"学"，都让人很着迷。因为法根的课有"云气"也接"地气"！他真正站在儿童立场，把目光投向每一个儿童，课堂上的一言一行、一举一动都为儿童；他关注儿童的言语智能，激发儿童的创造潜能，他和儿童一起过"语文"的日子，在课堂上法根就是一个"长大了的儿童"。

要使学生获得成长，首先要教师成长，要一群教师一起成长。法根认识到，每位教师都蕴藏着巨大的潜能。他十分尊重教师的个性，树立起"管理即服务"的意识，为每位教师搭建施展才华的舞台。他提出了教师四项"新基本功"：读书、磨文、演讲、研课。"一课三磨，一文三改，一题三讲，一书三读"成为盛泽实验小学教师的生活。教师们边教边研，边研边教，化蛹成蝶。短短10来年，一所农村小学，继法根之后又走出了5位特级教师，其中3位是语文特级教师，这不能不说是法根与他的团队创造的一个奇迹！

法根的幸福来自他不断地反思，不断地改进。法根常常说："要改变学生，先改变教师；要改变教师，校长先要改变自己。"法根是一个"反思型的实践家"。作为语文教师，他常常反思自己的课堂教学目标是否符合学生的发展实际，自己的教学方法是否适合学生，自己的教学话语是否尊重了学生……作为校长，法根一直反思自己对学校的发展定位把握是否到位，自己的管理方法是否科学民主，自己对教师发展的推动是否有效……

因为反思，法根不断检视自己的不足，获得了更多的发展空间；因为反思，他的语文教学、学校管理变得那么简单而有成效：每一个盛泽实小的学子都享受着童年的快乐、感悟着生活的美好，在快乐美好中成长为健、真、慧的秀外慧中的阳光儿童；每一位盛泽实小的教师都感受到他的教育情怀，实践着最纯粹和本真的教育，在追随和实践中成长为能教善研、机智幽默的智慧教师。在使学生与教师获得成长的过程中，法根获得了更多的幸福感。

法根的幸福源自他内心的简单与真诚，他享受的是那份简单与真诚的快乐和幸福。山是山，水是水；山不是山，水不是水；山还是山，水还是水。这是佛家悟禅的三个境界。无论是语文教学，还是学校管理，法根没有刻意，没有伪装，一切是那么地随意和不经意。因此，无论是工作中还是生活里，大家都愿意和法根做朋友，和他在一起完全没有压力，也没有弯弯绕绕的东西。因为简单与真诚，所以和谐，盛泽实小永远是那么富有生气，富有活力，富有生命的张力！

法根的简单与真诚也表现在待人接物的细节上。2015 年 5月，吴江区教育局选择在盛泽实小召开关于教研与科研融合的现场会。在现场会召开之前，他与他的团队做了大量的准备工作。开现场会的那天，正好省里有个活动要他做专家，省里领导也跟我招呼过，但最终他还是请假了。他说："尽管只是一个区级现场会，但是，作为校长，我与我的团队要以真诚和精细呈现给大家最完美的现场，同时，兄弟学校领导和教师到我们学校来，作为主人的我不在场，说不过去。"那次现场会开得很成功，很圆满。

因为简单，因为真诚，法根赢得了大家的敬重，大家也喜欢法根，法根成了幸福之人，于是我们看到的法根永远是笑着的"花儿"。

法根喜欢笑，他的笑是他感受语文教学和学校管理幸福的写照。这种幸福不是人人都能感受到的，因为法根心里充满了对学校、学生和教育的爱，他一直把"给"视为人生最大的幸福！

中国教育报刊社副社长张新洲说："薛法根是有情怀、有师德的人，他对幸福的理解是让教师感受到教育的幸福，让孩子体会到学习的幸福，教育是为孩子的幸福耕耘。这样的教师、这样的校长不是最美的吗？"

课品就是人品

近日，与无锡的一位老友谈起法根，同为小学语文知名特级教师的他感慨地说："法根很纯粹，现在还在课堂中耕耘，像他这样的人不多了！"我说："是啊，法根的课就像他的为人，那么纯粹，那么清简，有品位，有格局！"

"课品就是人品"，是法根追求的座右铭，也是他对青年教师的忠告。这句话是他当年的导师庄杏珍告诫他的。

网上这样介绍庄杏珍老师："庄杏珍，女。江苏苏州人。1947 年毕业于苏州女子师范学校。1979 年加入中国共产党。新中国成立后，历任苏州市实验小学教师、副校长，中国教育学会第二届理事。特级教师。长期从事小学语文教学，取得显著成绩。"

在苏州，在小学语文界，在教育界，庄杏珍是赫赫有名的。她曾两次赴北京跟随叶圣陶先生编写人教版小学语文教材，提出了"形象的语言与语言的形象"等教学见解，深得叶圣陶、袁微子等语文大家的肯定。

1994 年，法根参加了苏州市首届小学语文、数学骨干教师高级研修班，庄杏珍是研修班的导师，法根成了庄老师的徒弟，便有了更多的机会向庄老师讨教。有一段时间，法根天天到庄老师家里去。法根先解读教材，庄老师再批判。

法根回忆说，庄老师"真的是一位十分严厉的老太太"，一些他本来不以为意的小细节，老太太也不放过："一篇课文，她能为你解读两到三个小时，然后再让你从别的角度解读几个小时。"

有一次，法根要上《北大荒的秋天》示范课。上课的前一天，他拿着教案去请教庄老师。其中有一个小环节，他计划让学生闭着眼想象北大荒风吹草低的景象，然后再饱含感情地朗读课文。没想到，这个自认为还不错的教学设计却被庄老师直接叫停，她严厉地批评："孩子们见过草原吗？没见过的场景他们怎么想象？你这就是虚假教学！孩子们还要装出想象的样子给你看，你这是在引导孩子们假学习！你这是假设计！"当时已经是晚上八九点，第二天还要上课，法根想着糊弄过去。没想到，老太太直接撂下一句话："你来改，你什么时候备完课，随时叫醒我。"最后，凌晨两点多，法根的教案才算过了关。

庄老师很严格，甚至有点苛刻，用她自己的话来说就是："对于教学，我的眼里揉不得沙子！"

1995年5月的一天，庄杏珍老师要听法根的课，为了给庄老师一个好印象，法根做足了功课。他让学生将《十六年前的回忆》这一课读得滚瓜烂熟，还指点了一下学生对人物的评价，要求学生先写一段感想，以免发言时出洋相。

40分钟的课上得很顺利，特别出彩的是最后畅谈对李大钊精神与品质的感想，发言的几个学生说得头头是道，法根沾沾自喜。评课时，庄老师直截了当地问："学生的感想是即兴发言，还是预先写好的？"法根脸红了，随口搪塞了一下。庄老师严肃地说："上课不是表演，学生不是演员，假课上不得！"

这句话犹如针刺一般，扎得法根喘不过气、直冒冷汗，也扎破了"上假课、假学习"的"泡沫"。

庄老师对法根说："要做一个合格、优秀的语文教师，你必须走教学的正道。"法根顿悟了：课堂教学最可贵的就是真实，特别是公开课、比赛课，预先渗透式的做法，就是一种变相的作假。这是教育的悲哀，是教师的悲哀，也是学生的不幸。自此，法根的公开课返璞归真，走上了教学的"正道"。

有一次，他准备上一节作文课，先写了一份教案，教研员说不行，改了之后拿给教导主任看，教导主任说得改，改完教科室又说要体现新理念，要改……最后这节课上得一塌糊涂。

庄老师知道后，语重心长地对法根说："因为你对教育理解得不深刻，你不相信自己，只相信别人。所以，你一定要对教育有本质上的认识，以后遇到任何观点，你就用这把尺子去量一量，再判断是好是坏。"

于是，法根研究语文教学，追寻语文教学的真谛，慢慢地形成了他对语文教学独特的认识，形成了他的教学风格，组块教学的思想也慢慢形成。

1998年，法根成为当时江苏省最年轻的小学语文特级教师，一时颇为自得。一次，他在常州上《她是我的朋友》一课，课堂上一名女同学表现得特别积极，每次提问都要抢着回答。一回，法根的问题刚说完，其他同学正要思考，她却抢着举手，嚷着："我知道，我知道！"法根随口说了句："我知道，就你知道！"那位女生赶忙放下了手，低下了头，似乎偷偷地流泪了。法根很快就把这个课堂细节淡忘了。

庄老师不知从哪儿知道了这个课堂上的"小插曲"，晚上突然打电话给法根，询问法根最近上课的情况，特别问了这个课堂细节。她严肃地对法根说："有的错可以改正，也可以原谅；有的错却不可以犯！课品如人品啊！"

"课品如人品"，犹如醍醐灌顶，让法根明白了：教学水平再高、教学能力再强，如果失却了人文关怀，也就失却了人格魅力，那么，他的语文课堂将永远没有生命力、没有感染力。课堂无小事，事事育人；教师无小节，处处美德。

每当回忆起这些往事，法根还是很感慨的："庄老师用她一生的语文教学生涯，给我诠释了这样一个朴素的真理。一位语文教师，如果不把学生放在自己的心里，那么就难以做到'用心'教学。真正的语文课堂，应该让每一个学生如沐春风、如饮甘露；真正好的语文课，应该似润物无声的春雨。""我们语文教学磨砺的不仅仅是自己的教学技艺，更重要的是锻铸自己的人格品质！"这也是法根一直以来的追求。

法根对庄老师是十分敬佩和敬重的，他在《对我影响最大的一个人》一文中这样写道："在我的眼里，庄杏珍老师不管是 80 岁，还是 90 岁，抑或是 100 岁，永远是年轻的。因为，她有一颗不泯的童心！她的思想是鲜活的，她的精神是青春的，她的品质是高尚的！"

在恩师庄杏珍老师八十大寿暨从教六十周年的时候，法根很用心地整理了庄老师从教以来的照片，记录了她口述的教育故事，印制了一本美丽的画册——《杏坛珍雨》。在后记中，法根写下了这样一句肺腑之言："母亲给了我们生命与美德，而您给了我们智慧与品格。您让我们在人生之路上走得更远、飞得更高，而根则永远留在语文的大地上，扎在教育的土壤里。"

法根一直记着在自己成长过程中庄老师的心血和付出，当自己评上了"名师"，获得全国"十杰教师"提名……法根首先想到的是庄老师，他给庄老师打电话："庄老师，这个奖项应该是您来领的。"

　　法根是庄杏珍老师最喜欢的徒弟，庄老师说，法根"能够快速成长，全靠他自己……薛法根耐得住寂寞，他身上有一种农民的朴素，一种对世事人生的淳朴"。庄老师还说，法根"人品好，课品也好，他总是走到学生中去，做学生的朋友"。

6

会当凌绝顶

永远的清醒者

　　"永远的清醒者"通常是形容那些始终保持头脑清晰、理智冷静的人。他们能够在面对成绩、荣誉或者困难、挑战时保持镇定，不容易被情绪左右，能够冷静地分析问题并做出明智的决策。

　　清醒者往往具备较高的自我控制能力和自我反省能力，能够时刻审视自己的行为和思维，避免盲目和冲动。

　　法根就是这样的清醒者，他对自己的教学与研究始终有着一份难得的清醒与理性。他与上海师范大学教授吴忠豪就有一个特殊的约定："听完课要给出改进意见。"

　　在上《珍珠鸟》一课时，法根准备请学生朗读课文第四自然段。他环视四周，发现坐在教室左边的一个男生似乎心不在焉，便指名让他读。结果，男生读得磕磕巴巴，声音也极小。学生读罢，法根问他："你觉得自己读得怎么样？"学生低下头，不好意思地说："不太好！"法根拍拍他的肩说："你读得还不错。不过，老师提出两点意见：一是有几处不够流利，有点夹生；二是声音太小，胆子比珍珠鸟还小。"学生一听，红着脸坐了下去。

这样的教学，我们一般没什么异样的感觉，只会觉得法根尊重学生，考虑学生的心理，是一种不错的处理课堂事件的方式。然而，法根在《责任在我》中却进行着反思：

课后，我仔细想想，感觉这样处理并不妥当。看似对这个学生很宽容、很关心，其实，我觉得自己有点虚伪，明明知道他读得不流利，却还要问他读得怎么样，存心要他难看不是？我还假惺惺地说他读得不错，却又实实在在地提了两大缺点。一个真正关爱学生的教师，面对这样的情景，他可能会这样说："很抱歉，在你没有准备充分的情况下，就让你站起来朗读，真难为你了。但谢谢你对我的尊重，因为你没有举手，但仍然听从老师的话，站起来朗读了课文。可能你对我不太熟悉，又有这么多老师来听课，有点紧张，没有发挥你的正常朗读水平，责任在我！"如果这样处理，学生会有怎样的感想？学生的心灵又会受到怎样的震撼？

诸向阳老师记得，在《江苏教育研究》刊发薛法根执教的《水》的课堂研讨文章后，法根打电话给他，希望他写一篇评论文，不写优点，专门批判。诸向阳老师说："薛法根还真有这个雅量。正因为如此，不管薛法根赞同还是不赞同我的批判，我都能当面批判。"

法根的反思、自我否定，是其作为清醒者的自然表现。对于法根自我否定的反思，于永正老师给予了高度的评价："这就是薛法根！坦荡荡具有君子之风的薛法根！勇于剖析自己的薛法根！善于从失误中寻找智慧的薛法根！"

作为清醒者的法根，永远不求"最好"，而是追求"更好"。他从不会推卸，首先思考的是"我哪里做得不好"。苏州市教科院许红琴老师记得，有一年法根在苏州市区执教《渡船》一课。课堂不甚理想，有的教师或许会将责任推至学生的不配合，法根却说："应该是我的设计有问题，我要再想想。"当天晚上，他一个人在宾馆房间琢磨至深夜，反思自己的设计有哪些地方不适合学生，并修改了教学设计。第二天，面向各县、市、区的教师，他再次执教这节课，大获成功。

对此，许老师在惊讶之余更多的是对法根反思意识与能力的深深钦佩。她感慨地说："和薛老师在一起，时常听他说'最近，我有了一个新想法''这堂课，我又有了一个新上法''这个问题我还没有完全想通'，无不沉淀着薛老师教学的底气。"

作为清醒者的法根，他不仅仅是个反思者，还是个切切实实的行动者。

还是关于学生的朗读。一次公开课，面对学生朗读时的读书腔，法根没有过多地去引导，而是无可奈何尴尬收场。课后，法根反思，专门研究了朗读及朗读教学，想出了破解读书腔的几种妙招：示范读，让学生听到纯正悦耳的朗读；模仿读书腔，夸大那个令人难受的腔调，令学生醒悟、改正；用读词、读词组、读词串的方式，帮助学生掌握停连及转换、重音及转移的朗读技巧，从源头上纠正读书腔……

1999 年，《人民教育》第 1 期开设《新星舞台》栏目，法根作为第一位新星闪亮登台。在那一期刊物上，发表了法根的《语文教学要着力提高学生的语文素质》一文以及《〈大海的歌〉备课思路》，并附了我与吴立岗教授、胡继渊主任撰写的关于法根教学特色的点评《务实 求活 拓宽 创新》。

在《语文教学要着力提高学生的语文素质》中，法根提出"精心设计组块教学"，这是最早见于教育媒体的"组块教学"概念。他概括自己的教学："我采用组块训练的方法，将零散的语言训练按一定的目标整合成一个个系统，从而提高了训练的整体性和整合效益。"这可以视为他对组块教学最早的定义。文中"重组教材""注重联系"等是他组块教学中"组块""关联"等核心概念的滥觞。在《大海的歌》的教学设计中，法根首次以"训练组块"来设计课堂教学，设计了三个训练组块，并分析指出："三个训练组块既是文章的主要内容，又是学生理解的难点。教好了这三个组块，就达成了本课的教学目标。"

我一直觉得，法根刊发在这一期《人民教育》上的论文、设计及点评具有里程碑意义。那个时候，法根才31岁。常人或许会因此而兴高采烈、沾沾自喜，甚至得意忘形。但是，法根却十分冷静、十分清醒。法根说："我深切地知道，'新星舞台'给予我的是一种期待，一种呼唤，一种成长的力量。'新星'只是一颗新星，假如没有足够的能量，它终将会陨落。要成为'恒星'，就必须依靠自身永不枯竭的思想源泉。"

法根认识到，教师，该成为教育的思想家，能够传播思想并且拥有自己的思想。他说："教师的全部尊严就在于思想，一个没有思想的教师也就没有了教书育人的灵魂，又何以成为塑造人类灵魂的工程师呢？"于是，法根开启了语文教学思想的探索，之后他用了20多年的实践，进行了三轮组块课题的研究，终于形成了"组块教学"这一独领风骚的小学语文教学模式，这一教学模式产生了巨大的影响。

法根一直记着《江苏教育》原主编马以钊对他说的一句话——"昨天你不是特级教师，并不说明你水平低；今天你成为特级教师，也并不证明你水平比昨天高。你还是你，现在要开始吃苦了。"法根深知其中意义，因为他正是在一次次的吃苦中提升了自己，实现了蜕变。

2019年，小学语文统编版教材正式使用；2022年，义务教育阶段的新课标正式颁布。这是语文教学改革的重要事件。对统编版语文教材的"语文要素"、新课标的"任务群"，我做了些许研究，发现与法根的组块教学有很多的相同之处，于是撰写了《论组块教学与语文学习任务群的耦合》一文。我不知道新教材、新课标是否吸纳了组块教学的研究成果，但至少是"英雄所见略同"。我也听到海南老师说组块教学"救"小学语文的心声。

对此，法根没有一点激动和自傲，想得最多的是，组块教学如何与时俱进，如何适应新教材，如何贯彻新课标。于是，他在统编版语文教材使用之前就对教材进行研究，撰写了《用语文教儿童——统编本小学语文教材的教学要义》（刊于《语文建设》2018年第4期）、《用母语编织意义——统编小学语文教材写作教学要义》（刊于《语文建设》2019年第2期）等一系列文章。他还提前对新课标进行解读与研究，撰写《用语文"做事"：素养导向的任务设计要义》（刊于《语文建设》2021 年第 24 期）、《语文学习任务群的内涵解读与实践建构》（刊于《人民教育》2022 年第 13 期）等，提出确立教人"做事"的设计理念，就是从学生的学习需要出发，以语文核心素养为导向，面向全体学生，设计具有挑战性的真实情境任务，并以科学的课堂管理保证任务学习的实效性，促进每一个学生语文素养的提升。

2022、2023 年是法根对语文任务群研究的高峰时期，他以组块教学的思想去解读语文任务群、设计教学，特别是对"思辨性阅读与表达任务群"进行了系统研究，还与吴忠豪教授主编出版了全套的《小学语文名师文本教学解读及教学活动设计》。

上海师范大学教授吴忠豪这样赞叹："在全国小语教坛，上课能够上到蜚声全国的名师实属罕见，到了这种境界还能虚心向同行求教的更是凤毛麟角。而薛法根就是这样一位已经站在宝塔顶尖上的名师，但仍然保持清醒的头脑，谦虚谨慎，不断进取。或许，这正是成为'大师'必备的品质。"

法根曾经对教师的成长做过归纳，认为在从教的道路上，要走得既快又稳，应该有两个"拐杖"：第一个"拐杖"是信念。他说："你要永远相信生活对每个人是公平的，这样你就会拥有一个健康的、积极的心态；你还要永远相信世界上没有你做不到的事，这样你就会拥有无限的勇气与坚韧的毅力。这种来自自己内心的信念将成为你永恒的奋斗力量，使你在最困难的时候不会跌倒，即使跌倒，你也会自己爬起来，继续行走。"第二个"拐杖"是思想。他说："你在任何时候都有自己独立的思考，让脑袋长在自己的肩膀上，有自己的主见，有自己的主张，有自己的主心骨，这样你才会拥有自己的声音。"法根还强调，教师还要在任何时候都应该有自己深刻的思辨，让思想长在科学的土壤里，善于倾听他人的声音，敢于质疑权威的论断，勇于实践原创的观点，这样才会拥有自己的智慧，才会与众不同，才会比别人看得更远、走得更快、飞得更高。

巧合的是，我在网上看到这样几句话，觉得用在法根身上十分贴切：

能看到未来教育发展的走向，是清；
能看到今天自身教育的问题，是醒。
能反思今天教育的真实问题，是坦；
能推进在教育反思上的创新，是诚。
能科学总结自身教育的优势，是聪；
能敏感发现别人教育的优势，是明。
能学习借鉴别人的成功经验，是智；
能用别人的优点促自身发展，是慧。
……

赓　　续

2019年,《人民教育》记者采访法根时最后问了一个问题:"这么多年做校长下来,您最大的体会是什么?"法根说:"首先是丰富学校的教育资源,这是校长义不容辞的职责。"

法根的回答出乎一般人的意料,但是我却觉得这是意料之中的。20世纪90年代,在法根还是学校的科研骨干的时候,他就参与了学校"以丝绸文化为背景,提高苏南小城镇儿童素质综合实验"的课题研究,把丝绸文化这一盛泽镇特有的教育资源引入他的作文教学,与学校的教师一起谱写了"素质教育的丝绸之路";21世纪初,法根担任盛泽实验小学校长、总校长,继续把教育资源的开发投向了盛泽地域所特有的文化资源——丝绸文化。不过,此时学校所开发的丝绸文化教育资源已经进入了 2.0 版：

——法根和他的团队对于丝绸文化的特质和教育价值，有了更深刻的认识。他说："仁爱、智慧、精致、坚韧，这是盛泽人的创业精神和生活品质，应该引导我们的教学生活。"

——法根和他的团队的办学目标更明确了，那便是"培养秀外慧中的阳光儿童"。盛泽实验小学培养的儿童应该是"健康"的，能够学会一项陪伴终身的体育运动，拥有健康的身体和心理，悦纳自己，学会合作。盛泽实验小学培养的儿童还应该是"阳光"的，拥有阳光的心态，保持阳光的活力，建立阳光的团队，能够激励自己照耀他人。

——法根和他的团队的思路更清晰了，要落实"培养秀外慧中的阳光儿童"这样的培养目标，仅仅依靠国家课程是不够的，需要建立适合学生的校本课程体系。于是，法根提出建立四类校本课程：基于学科课程标准的嵌入式课程，基于小组合作学习的探究性课程，基于学生主体需要的多元化课程，基于校本文化资源的浸润型课程。多样的课程丰富了校园生活，提高了学生的能力，发展了学生的特长，让学生获得了个性的成长。

......

关于地域文化的含义没有定论，学者李兴盛的研究指向了"人"："地域文化就是一定地域之中历代各种土著与客籍人士在与自然、社会相互作用的各种关系中所创造的反映当地社会生活并独具特色的一种文化现象。简言之，就是一定地域中历代各种人士所创造的特色文化。"（《地域文化与流人文化》）可见，地域文化其实是"人"的文化，无论"土著"还是"客籍"。这引起了法根的共鸣。

1999 年 9 月 18 日，正值庆祝中华人民共和国成立 50 周年之际，党中央、国务院、中央军委在北京人民大会堂隆重举行了表彰大会，表彰了为研制"两弹一星"作出突出贡献的科技专家，其中就有从盛泽实验小学（原盛泽观音弄小学）走出来的程开甲。

程开甲是地道的吴江人，是中国核武器事业的开拓者、中国核试验科学技术体系的创建者，被称为"中国核司令"。他不仅获得"两弹一星功勋奖章"，还于 2013 年获得国家最高科学技术奖。早年他在盛泽观音弄小学读书，是盛泽实验小学的杰出校友。程老一直关注家乡的教育事业，2003 年曾向母校盛泽实验小学和盛泽中学赠送了《"两弹一星"功勋科学家程开甲》画册。

程开甲、"两弹一星"精神，眼光敏锐的法根兴奋起来了，这是多么有价值的教育资源啊，引入学校教育，一定可以赋能盛泽实验小学更好、更快地发展。

2004 年，盛泽实验小学舜湖校区在建设，法根提议在新校园内为程开甲立一尊雕像，让学生们以程开甲为榜样。这一提议获得了镇政府和教育行政部门的支持。于是，法根请了南京艺术学院的一位教授设计制作程开甲的雕像，那位教授表示，要想让雕像达到逼真传神的效果，就必须见到程开甲本人。于是，法根陪同教授去了北京拜访程开甲。程老说一口盛泽方言，对盛泽的地名、特产，尤其是观音弄小学记忆深刻。对此，法根回忆起来印象还是十分深刻："当时程老已经年近 90，但身体很硬朗，步伐轻快。他的家很简单，两室一厅，20 世纪 80 年代的装修风格，面积不大的客厅还兼作书房，挂着他使用了几十年的小黑板。""听说自己的母校越办越好、越办越大，程老非常高兴，当即同意我们为他竖立雕像，并允诺参加新校园的落成仪式。"

2006 年 2 月 17 日，舜湖校区举行落成典礼，程开甲冒着大雪为学校揭牌、为雕像揭幕，还和两个班的小学生交流互动。

在孩子们面前，程老就是个亲切的老爷爷。回忆当年程开甲回到母校时的场景，法根历历在目："在校园里，程开甲和学生们互动交流，分享了自己的成长经历，告诉学生们从小要爱好广泛，要打好基础，才能更好地为现代化社会服务。"

由此，在法根的亲力亲为下，程老与盛泽教育的联系更紧密了，盛泽实小教育的发展得到了程老的支持与指导。

2012 年，盛泽实验小学观音弄校区与桥北校区合并并异地重建。在法根的努力下，经程开甲本人及吴江区相关部门同意，新学校被命名为"程开甲小学"，法根担任首任校长，获得了程老的首肯。

在国家科学技术奖励大会上，习近平总书记以"忠诚奉献、科技报国"八个字高度评价程开甲院士伟大的爱国情怀和杰出的科学贡献。"爱国、奉献、拼搏、创新"则是程开甲院士对自己一生奋斗的总结。程开甲小学以此提炼为"开甲精神"，从一个人传承一群人，从一群人传承一代人，从一代人传承代代人，塑造有家国情怀和报国本领的时代新人。

对学校的文化建设，法根向来很用心。在新落成的舜湖校区，专门建设了宣传程开甲事迹的科学馆。每次学校来客人，法根都会带客人去参观，他情不自禁、兴致勃勃地介绍程开甲院士的事迹及精神。我就参观过不下 5 次。在程开甲小学筹建过程中，法根对学校的文化建设也反复征求意见，精心谋划。法根设想，充分发掘程开甲教育资源，对学校的"地面上、楼层中、屋顶上"，每一个场馆、每一个景物都赋予科学教育的意义，将校园建成培育科学家精神的摇篮。

"久熏幽兰人自香"，学校建设了开甲厅，有栩栩如生的程开甲群雕。童年程开甲和校长简晓峰的雕塑，再现程开甲儿时从一个留级生蜕变为一个跳级生的成长历程；少年程开甲和数学老师姚广均的雕塑，再现他中学时代的勤学经历；青年程开甲论战师兄海森堡的雕塑，再现他不盲从权威、只追求真理的留学生涯；罗布泊的核爆塔以及红山的纪念碑，再现"中国核司令"隐姓埋名、为国铸盾的光辉岁月；展馆外的半身雕像，定格了程开甲这位百岁老人的精神容颜。

开甲厅内，还陈列着一件件程老珍贵的物品：穿过的军装，手写的讲稿、工作的照片。那个破旧的皮箱，诉说着程开甲在"紫石英"号事件后，毅然决然地放弃英国优厚的待遇，带着三皮箱研究资料回到中国，开启报效祖国的人生之旅；那张写有地址的纸条，诉说着程开甲在国家最需要的时候，毫不犹豫地选择了隐姓埋名，奔赴茫茫戈壁参加原子弹的研制工作；那块小黑板，诉说着程开甲在艰苦岁月里，废寝忘食地研究、一丝不苟地计算、日思夜想地攻克难题；那顶签名的军帽，诉说着作为军人的程开甲，关键时刻服从命令，四次改变自己的研究方向也无怨无悔。

在法根的精心策划下，雕塑、照片、老物品，不仅还原了程开甲院士不平凡的一生，更让学生遇见一个可亲可敬、可感可学的程开甲，思考自己应该走一条什么样的求学之路、成长之路、奋斗之路。

关于对开甲精神作为教育资源的引入，法根与他的同事们在课程的整合上做了更多的探索。2018 年，学校开启了重走程开甲求学与科学之路的"开甲之旅"。孩子们途经 7 个他曾经求学、生活及工作过的站点：观音弄校区、程开甲故居、嘉兴秀州中学、浙江大学、南京大学、马兰基地、北京。

"当时有 6 名学生参加了开甲之旅，活动的重头戏，是在北京的程老家中。"带队的程开甲小学副校长周菊芬回忆道，那天是程老 100 周岁生日的前一天，有很多人去为程老贺寿，而程老也专门腾出时间，接待了来自家乡的学生们。

多年来，程开甲小学每年组织开展以"读先生""悟先生""学先生""成先生"为主线的教育主题活动，每学期开展大型科学家精神教育活动，让开甲精神代代相传。

2018 年 8 月 2 日，在程开甲院士 100 周岁的前一天，法根和学校的师生代表一起前往北京看望程老。大家带去了盛泽的丝绸、老照片，以及学生亲手画的画作为生日礼物。法根回忆，老先生精神不错，看到家乡人非常激动开心，还兴致勃勃地弹奏了《友谊天长地久》《新年好》。

没想到这竟是最后一面。2018 年 11 月 17 日，程开甲院士在北京病逝。

斯人已逝，吾辈当自强不息。法根说，程开甲小学师生将像开甲一样，树立爱国家、爱家乡、爱科学的信念，并且沿着这条道路一直走下去。

而今，开甲精神不仅植入了校园，成为教育下一代的资源，更在盛泽、吴江、苏州广泛传承、生根、开花。2022年7月11日，吴江区公布了一个重要决定：将程开甲的诞辰，即每年的8月3日设立为苏州市吴江区"程开甲日"。同时，程开甲故居修缮正式启动，以恢复程开甲儿童时期故居建筑的布局风貌为原则，后期还将以程开甲故居为核心，打造主题街区……

在程开甲小学校园里，有一种特别的花——马兰花，它来自遥远的沙漠戈壁，来自程开甲当年工作的地方——我国重要的核试验指挥中心和研究基地。法根告诉我："2019年5月，我们护送程开甲先生的骨灰，安葬在新疆马兰烈士陵园，看到遍地的马兰花，我就想到这就是'干惊天动地事做隐姓埋名人'的'马兰精神'，于是就带了两株马兰花移栽在校园里。"

来自遥远的新疆的马兰花，牢牢扎根在江南水乡，尽管柔弱，却又是那么顽强……

播　种

2023 年 12 月 31 日，法根在他的微信朋友圈发文：

2023 年末送教

祖国最南端的学校

海南省三沙市永兴学校

培育守护海疆、建设三沙的时代新人

法根难得在微信上发自己的行踪，他一定觉得这次三沙送教活动特别有意义！

推文《传递课改精神，促进海防教育——〈小学教学设计〉与全国名师赴三沙送教》：

2023 年 12 月 26 日至 27 日，《小学教学设计》（语文）主编王冬精与全国著名特级教师薛法根、史春妍、曹爱卫、王先云赴中国最南端的新兴城市——海南省三沙市永兴岛进行送教，受到三沙市政府相关部门与永兴学校的重视与欢迎。海南省三沙市电视台、三沙市政府网进行宣传报道。

　　永兴学校马老师进行《比尾巴》教学。著名特级教师薛法根等名师观摩、点评马老师的《比尾巴》，并提出调整意见，著名特级教师、正高级教师薛法根作《义务教育语文课程标准（2022 年版）》解读讲座。薛法根、曹爱卫、史春妍等三位特级教师向永兴学校赠送自己的签名专著。

　　"一次三沙行，一世三沙情。"活动中，法根接受了电视台的采访，他表示：将竭尽所能，为永兴学校的课程建设、师资队伍建设提供力所能及的帮助。

　　类似这样的送教活动，法根参加过无数次了。

　　为推动小学语文教学的改革，引导组块教学研究的推广与深化，也为了让更多的教师变得更优秀，在组块教学研究结出丰硕成果、走向成熟之际，2014 年，法根应邀分别在全国建立组块教学工作站，2015 年，成立组块教学全国实验联盟。

至今，已经建立了江苏江阴、广西桂林、广西柳州、重庆两江、湖北赤壁、广东湛江、黑龙江大庆等多个区域的实验工作站，100多所实验学校的近万名语文教师成了法根的"粉丝"，并取了一个带着香气的名字——雪花膏。一群志同道合的语文人在法根的引领下，踏上了语文课程改革的新征程。

江阴工作站成立于2014年3月，是法根去得最多的工作站之一。梁昌辉老师至今记得当年法根与工作站老师互动的情景：

法根身体力行，2014年5月5日执教《剪枝的学问》，7月27日执教《黄河的主人》，9月30日执教《安塞腰鼓》。法根"以课说法"，以实实在在的课来阐述自己的语文教学主张，以具体形态的教学来演绎抽象的教学理念。

梁昌辉老师说："议课环节，我们学员最期待的是薛老师说自己的课，他会说我今天的课哪里处理得还不够好，如果再上我会如何改进或更换为什么样的设计等。"

当众说自己课不好，名师们是极为避讳的，就是一般的教师也是感觉不舒服的。但是，法根坦坦荡荡地说自己的"不是"，说得自然。梁昌辉老师感慨地说："这种当众自我解剖的勇气和求真务实的精神，是让人很震撼的。而且有实实在在的干货，学员们很受启发。"

在江阴工作站，法根组织的研讨活动形式多样：导师讲座，学员与导师互动；学员研讨课，学员互评；导师展示课，学员品鉴导师教学；教材研究，小组承担一类教材；学员分组备一课，大组交流、点评、改进。

梁昌辉老师在就是江阴工作站中成长起来的，并成为特级教师、正高级教师。工作站的学员中，还有 5 位教师晋升为中小学高级教师，11 位教师获评无锡市学科带头人。这个工作站共有《文本分类教学》《搭建生长的支架》等 4 本关于组块教学的著作出版。

建立工作站是一种科研成果推广的创举。中小学教育科研存在"开题轰，中间空，结题空"的现象。尤其是科研成果的推广不被重视，结题会常常是例行公事、走过场。法根的组块教学工作站以及联盟学校相关事宜，一律是免费的。不仅免费，每年在盛泽举行组块教学年会，法根都不收任何费用，甚至免费提供午餐。这一方面是因为法根淡泊名利，尤其是不"逐利"；另一方面也与吴江区政府、教育行政部门的支持分不开。政府的支持，也凸显了法根的组块教学花开墙内，探出墙外，墙内墙外都分外香！

说法根以工作站推广组块教学成果是创举，不仅仅是公益性，还在于这种成果推广是有组织的。江阴工作站由江阴教师发展中心研训室副主任、特级教师夏江萍担任班主任兼导师助理。该工作站先后组织了三期名师研修班、一期高级研修班，覆盖全市 60% 的学校。而桂林市象山区的组块教学工作站则是局长工程。唐华镁局长不仅出席象山区的组块教学研究活动，还带学员到盛泽实验小学培训，让人不仅深刻感受到桂林人取经的真诚，也感受到法根组块教学的影响力。

在工作室成立前，象山区在全区所有小学招收学员，没想到报名的有几百位教师，到最后他们筛选出 60 多位教师。本来工作站只招收 10 名学员，法根亲自面试过后，考虑到象山区所有学校的教学情况，他决定将名额增加到 35 个，覆盖象山区所有小学。

宣布名单的那一刻，主席台下所有教师都支起耳朵，每宣布一个名字，下面就是连片的掌声和欢呼声，被录取的教师开心得就像是中大奖一般。唐局长说："薛校长在我们老师眼中，就是'男神'一样的存在。"

在法根的引领下，象山区确立了"出名师、出经验、出成绩"的培养目标；明确了"聚焦课堂、项目引领、抱团发展、文化再造"的行动方向；以"课题助研"的方式，确立工作室的研究课题"以发展力为主线的课程单元建构"，并以"单元教学研究""一文研究"为切入口，引导学员进入崭新的教学领域。学员在"一师一优课，一课一名师"中获奖 43 人次，论文发表或获奖 65 人次。

组块教学赤壁工作站坚守着一种信念——推进组块教学，

实践着一种主张——发展言语智能，执着于一种追求——便教利学，清简扎实，摸索着教学板块的智慧化，探究着教学行为的路径化，构建着教学内容的课程化。教师参加各优质课评比，12 人次获得国家级奖项，15 人次获得省级奖项。

大庆工作站设立总导师，为帮助学员尽快了解组块教学的要义，大庆工作站成员编撰《组块教学的解读与运用》，在 2021 年由江西教育出版社出版。大庆工作站学员队伍庞大，第一期有 271 名学员。2023 年，176 位教师成功晋级为第四期正式成员。

因为有教育行政、教研部门牵头，组块教学成果的推广有了坚强的组织保障，其创新也就有了活力。

古语云："橘生淮南则为橘，生于淮北则为枳。"一项成果的推广必须与当地的教育教学实际结合起来，才能生根发芽。法根认识到这一点，也努力引导各工作站创新研究。2014 年，法根去江阴市组块教学工作站参加活动时，有一个课例引起了法根的关注，一个学生在学习《鹬蚌相争》时提出了这样一个问题：蚌夹住鹬的嘴，为什么还能开口？鹬被蚌夹住了嘴，为什么还能说话？有教师认为这个问题很有价值，是一种创造性思维。殊不知这是寓言或童话的"虚构"性故事，故事中的万事万物都可以说话，都可以有"特异"功能，有别于"写实"性文章。区分文学作品与实用作品，运用组块教学的方式进行文本分类阅读，才能让学生形成文体思维，从而在不同文体的读写中生成言语智能。于是，法根与江阴工作站的教师确定了文本分类教学研究，该研究成果最终获得了江苏省教育教学成果奖。这既开阔了组块教学的研究视野，又丰富了组块教学的理论智库。

对工作站与联盟学校，法根不是牌子一挂了事，而是有组织管理机制在其中。每年召开年会一次，组织相关评比、讲座活动；每年暑期举办培训活动，传递新观念，特别请非语文或非教育专家做拓展性讲座，用意深远；还争取江苏省教育科学规划领导小组办公室与叶圣陶教育思想研究所的支持，建立专项课题，其他各省也有多项组块教学研究课题立项；还争取到省、市教研部门支持，为活动增加了含金量。

法根是个极其认真负责的人，对工作站的学员，他像对自己学校教师那样严格：

桂林市回民小学刘艳红记得法根给他的第一印象："人瘦、个高、脸白、背微驼、一笑露龅牙，但却给人一种无以言表的亲和力。"

"听他评课，是要出汗的，弄不好还要掉眼泪。他一条一条列举优缺点，别人没有发现的他总能发现，然后一针见血地指出。最重要的是，他会教你如何重构这堂课，一步一步教，一个环节一个环节教。听他评课，有一种脱胎换骨的感觉。那天，听他评了6节课，字字珠玑，课上学到的，是我三到五年也不曾收获到的。"

回到桂林后，刘老师用这堂课参加桂林市的比赛，得了第一名，又代表桂林市参加广西壮族自治区的比赛，没想到这节课又得了特等奖，这可是最高奖。

黑龙江省大庆市直属机关第四小学校曹莉老师，有幸成为该工作站的第一批成员，再次系统、全面地学习了薛老师的每本著作，并把她与组块教学的相遇确定为"最美的时光、最好的相识"。她说："世间的一切，都是遇见。就像冷遇见暖，有了风雨；春遇到冬，有了岁月；天遇见地，有了永恒。"

作为组块教学联盟参与者，2019年，我与组块教学研究骨干赴北京、赤壁、深圳、湛江等地，了解组块教学工作站和联盟学校的实验进展，带去了研讨课、讲座，深深感受到全国各地对组块教学实验的重视和教师的科研热情。

组块教学研究是一项朝阳事业，也是属于未来的事业！

鼓　与　呼

近几年，每年的一月是法根最忙的时候，参加完苏州市两会后，紧接着参加省两会。

2017 年，法根当选为苏州市人大代表；2022 年，当选为江苏省人大代表。他还是苏州市党代表。在市、省两会以及市党代会上，他都积极为教育鼓与呼。

2023 年 1 月 15 日，江苏省第十四届人民代表大会第一次会议开幕，法根带来了"关于建立学校与医疗机构'心理转介'绿色通道的建议"。

对于中小学生的心理健康教育，法根不仅十分关注，也在盛泽实验小学教育集团积极实践并探索，积累了经验，也发现了急需解决的问题。为了掌握中小学心理健康教育的整体情况，作为人大代表的他走访了苏州、吴江的有关学校以及医院，进行中小学生心理健康教育现状的调研，在此基础上，形成有关"心理转介"的建议。法根说，心理健康教育是"'办好人民满意的教育'的题中应有之义，也是建设小康社会、'最美江苏'不可或缺的重要一环"。他建议省卫健部门、教育部门等联合起来，建立各地基层学校与当地医疗机构的"心理转介"绿色通道。法根还就各部门、各级政府的职责提出了具体的建议：各地教育行政部门要为每所学校配全校医和专业的心理健康教育教师；各地卫生医疗机构要为每所医院配备专业的心理诊疗医生，开设心理诊室，并与当地中小学校对接；各地政府要对"心理转介"绿色通道进行效能评估，并提供必要的财政和人员支持，以更好地进行心理健康教育，从而为加快建设高质量教育体系奠定坚实的基础。

法根的这个建议及时而有针对性，引发了教育系统内外的强烈反响；他的建议翔实而有操作性，正在逐步落实，为师生造福。

作为省人大代表和苏州市党代表，法根深知自己肩上担负的责任的重大。他说："人大代表是一种责任，作为一名来自教育界的人大代表，我从来不忘自己'群众代言人'和'教育工作者'的双重身份。要把为群众办实事、谋实利、创实惠作为履职的出发点，认真履行人大代表职责，积极建言献策，为民办实事，为教育尽全力。"

法根是这样说的，也是这样做的。当选人大代表后，他直面教育领域出现的矛盾和问题，坚持以问题为导向，充分发挥自身的职业优势，利用课余时间到教师、学生家里家访。与一线教师交流座谈，了解教师的困难，倾听他们的心声，掌握第一手"资料"，把群众欢迎的、急需的、受益的事作为代表履职的出发点和落脚点，积极在各级人代会上"鼓与呼"，当好群众的"代言人"。

梳理法根提出的建议，几乎每一条都是关于教育的，而且每一条都落地有声。如"关于为学校安装清风系统，消除雾霾影响的建议""关于为学校配备专职心理健康辅导教师的建议""关于开通学校与医院心理健康转介的绿色通道的建议""关于设立德育教师专业发展系列通道的建议""关于提升农村教师津贴的建议""关于教育人才培养的建议"等。

法根觉得，对于教育来说，教师和学生是重要的主体。因此，他的建议关注师生面临的问题，上述建议都有这个特点。

在参加苏州市两会期间，法根每年提出的建议都在2个以上，他还积极参与人大代表建议、议案落实情况重点督办，针对各类人大调研活动提出许多合理性意见和建议……法根不是每年建议最多的代表，但他的建议质量上乘。每条建议不仅翔实具体，而且直面当前苏州市中小学教育供需矛盾，使民意诉求得到充分反映，而且与政府做好工作、解决问题的目标方向一致，引起了苏州市人大常委会和市政府的高度重视。

"民有所呼，我有所应，只要对社会有贡献的、对人民有交代的事，就尽量去做，并且用心做好。"从他质朴的话语里，我们看到了一位人民教师对教育事业倾注的满腔热情与爱心，更看到了一名人大代表认真履行代表职责，积极为民奔走呼吁的强烈愿望与责任。

法根来自基层，来自苏南农村，因此，他尤其关注农村教育。

在 2023 年的省人代会上，法根说："农村教育是义务教育均衡发展和城乡一体化的短板。"法根建议，在城市化加快的进程中需要更多政策性支持。改善农村薄弱学校的办学条件，要在硬件设施、师资力量、教育资源的配置等方面予以帮助。可以通过集团化办学等方法，利用名校、优质学校带动农村薄弱学校的发展，打造"小而美"的农村小学，让农村的家长、孩子更有获得感和幸福感。

关于素质教育的推进，法根认为，教育要拓宽视野、融合发展，真正滋养孩子的心灵。他希望全社会的文化资源、旅游资源真正与学校教育接轨、面向学校开放，让更多孩子走到博物馆、陈列馆、非遗馆等去学习。法根说："还可以通过榜样人物、鲜活故事，让孩子们喜闻乐见。我们程开甲小学编了一系列小故事、课本剧等，沿着程开甲出生、求学、成长之路，让更多的孩子感悟科学家精神。"

法根不仅仅是教育改革与发展的建议者，更是践行者。法根说："人大代表就要从全心全意为人民服务的思想高度来自觉履职。"

2024 年，吴江教育的一件大事，也是喜事，就是吴江区成为首批国家级义务教育教学改革实验区，作为吴江教育的一员，法根十分兴奋。他表示：在新的一年里，将深化集团化办学，以名校、名师教育资源，帮扶农村薄弱学校，让这些学校真正在内涵建设方面取得突破，让农村孩子"好上学""上好学"。

义务教育教学改革实验区一共有七大任务，法根将其概括为"三少、三多"：第一个便是教得少、学得多。法根表示，将对课程内容进行结构化改造，以少而精的结构化课程内容，促进学生核心素养的形成与发展。留给学生更多的自主学习空间、探索空间，能让学生学得更充分、更深入、更透彻，从而真正学会自主学习、主动学习、创造性学习。

第二个是做题少、做事多。减少学生的机械性学习，让学生有更多的时间多读书、读好书，让学生有更多的时间到社会中解决真实的问题，用课程中学到的知识、技能来解决问题，增长才干。

第三个是少管控、多自主。我们要让学生学会小组合作学习、探究性学习，更要尝试让学生进行个性化学习。学生能够在自主合作和探究式的学习中，了解知识的形成过程，获得探求知识、运用知识的方法与能力。

那棵树　那座山

"'三多三少'可以真正改变我们已有的教学，形成新课标思想下的新教学，创造真正适合学生成长的新课堂。这是我所期待的！"法根说。

　　作为省、市两级人大代表，法根最关心的是他所热爱的教育。与此同时，他也关心社区群众，察民情，解民意，为社区群众鼓与呼。

　　法根常常下沉到居民社区进行走访调研，他和盛泽镇桥北社区组成结对关系，时常到社区和工作人员进行交流，把社区居民的关切和困难都一一记录，贫困户的认定和帮扶、社区楼道电瓶车问题、"331"防火安全问题……对每一个问题法根都认真思考，设法与相关部门协商解决。他不止一次与社区工作人员交流，关心问题是否得到解决。

　　同时，法根关心社区孩子的健康成长，支持社区假期学校的开设，关心上假期学校的孩子的家庭情况，鼓励学校教师到社区送课。

　　法根始终怀揣着沉甸甸的责任，努力成为一名有情怀、负责任、敢担当，让人民满意的人大代表。在参加2024年的省人代会时，他说："作为基础教育界的代表，我深感使命之光荣、责任之重大，将以更加昂扬的精神状态牢记嘱托、感恩奋进、走在前列，脚踏实地做好基层教育工作。"

单峰骆驼

　　法根背有点驼，老师们私下称呼他"单峰骆驼"。

　　他的徒弟沈玉芬说："不管师傅是否喜欢，我觉得'单峰骆驼'这个称呼很贴切，形似，也神似。因为骆驼的驼峰储藏的是生命的能量，薛老师储藏的是在我眼里用之不竭的思想。"

　　有人说：骆驼有两种精神，一种是相信沙漠的另一边是绿洲；一种是一步一个脚印地走向那片象征着希望的绿洲。前者是坚定无比的信念，后者是坚持下去的执行力。

　　对于小学语文教学，法根是有着他的执念的，他始终相信，只要努力去探索，一定能找寻到那片"绿洲"。于是，从走上语文教学岗位的那一天起，法根一步一个脚印地探索着……

"视听训练"补短板

1988 年，时任吴江县小学语文教研员的周建华老师倡导"视听训练"，旨在训练学生的听说能力。在周建华老师的带领下，法根与一批青年语文教师组成了"视听训练"志愿者团队，开始了为期两年的"视听训练"实验。法根选取了适合不同年级学生的训练内容：低年级以儿歌、童谣、童话为主，中年级以寓言、民间故事、神话故事为主，高年级以小说、漫画、科普小品文为主。围绕"多彩的生活、好听的故事、鲜明的人物、深刻的道理、科学的常识"五个主题组成训练单元。在实验中，"语文教学要着力学生的语文能力训练"的思想在法根头脑中孕育了。

"三段作文"建体系

1990 年，吴江县第二实验小学启动了"以丝绸文化为背景，提高苏南小城镇儿童素质综合实验"，提出了"学习、活动、交往"三大实践体系。于是，法根把"视听训练"延伸到了日常生活中的口语交际，选取了请求与拒绝、表扬与批评、感谢与道歉、劝说与辩驳、解释与暗示等 10 个交际功能主题，开设了生动活泼的"交往训练"课程。在上海师范大学吴立岗教授的指导下，法根又啃上了"作文教学"这块"硬骨头"。他把吴立岗教授的作文教学经验移植到了乡镇小学，提出并实践了"低年级童话作文、中年级素描作文、高年级生活作文"的三学段作文教学体系。他的"循环日记，边传边写"的实践，产生了较大的影响，在江苏省"教海探航"征文竞赛中获一等奖。

"集优识字"求突围

1996年，为突破低年级学生的"汉字识写"难关，在吴江教育局主导下，法根作为主力军之一，参加了"提前识字、提早阅读"实验。这项实验优选随文分散识字、部首分类识字、儿歌韵文识字、字根扩展识字等多种识字方法，编写了"集优识字"地方教材。实验班采用这一地方教材，对照班采用现有语文教材，进行了两轮4年的实验对比。法根与吴江小学语文教改中心组的教师一起探索，对语文教学有了更为深刻的认识。法根撰写的《语言训练要在内化上下功夫》一文再次获得江苏省"教海探航"征文竞赛一等奖，文中，法根对照当时的教学问题，从学习内化理论视角，提出了语言训练要在内化上下功夫的观点。

"组块教学"破难题

1999年，《人民教育》第1期开设《新星舞台》栏目，法根作为第一位新星闪亮登台。他撰写了《语文教学要着力提高学生的语文素质》一文，再次提出，语文教学要"着力于语言训练"，并提出"精心设计组块教学"，这是最早见于教育

那棵树　那座山

媒体的"组块教学"概念。

2000年，法根带领语文教研组核心团队，运用心理学组块原理及语用学关联理论，正式提出了语文"组块教学"概念，响亮地喊出："为言语智能而教！"

2001—2005年，"小学组块教学研究"立项为省"十五"青年专项课题，法根首次以"组块教学"为主题做课题研究；2006—2010年，"智慧解放理念下的组块教学研究"课题立项为省"十一五"规划重点课题。通过两项课题，法根从理论与实践的结合上对组块教学的含义、要素、特点等理论问题，对组块教学内容的筛选、学生学习活动的设计等实践问题进行了探索，并初步形成了独到的见解。2005年，法根出版《薛法根教学思想与经典课堂》。

2012—2017年，法根承担国家教育科学基金"十二五"规划2012年度教育学一般课题"关联理论视域中的组块教学研究"。这个阶段是法根有关组块教学成果最丰盛的阶段。2014年，法根出版了《薛法根教育文丛》，包括：《为言语智能而教——薛法根与语文组块教学》《现在开始上语文课——薛法根课堂教学实录》《做一个大写的教师》。

三轮将近20年的研究，法根带着他的团队走出了沙漠，找到了语文教学的"绿洲"，但是，他并没有停止探索的步伐，因为在他的心目中，没有最好的"绿洲"，只有更好的"绿洲"，于是他继续像骆驼那样一步一个脚印地前行！

2019 年，随着统编版语文教材的实施，新一轮课程标准的修订，法根与时俱进，把组块教学放到语文教学整体改革的背景下去思考、实践、提炼，不断赋予组块教学新的含义，形成了新的观念，引领语文教学改革。2019 年，法根出版了《薛法根：组块教学》；2021 年，他出版了《薛法根与组块教学》。

有人这样描写骆驼："骆驼不是骏马，它不会激昂地嘶鸣，也没有潇洒地飞奔；骆驼不是耕牛，没有自怜自哀的叹息。当你仔细观察，你会发现，骆驼总是一次次昂首，驮着重物稳健地迈向远方，一路无言，一步步朝着远方前进，落入耳里的是清脆的驼铃声，在广阔的沙漠里叮铃叮铃地响，然后深深地印在你心里。"

法根就是这样在小学语文教学园地"一路无言，一步步朝着远方前进"的骆驼！因此，说法根"神似骆驼"，一点不假！他像骆驼那样奋力向前，那样坚韧不拔，蔑视前方的困苦和恶劣的环境，潜心积累自身的勇气和力量。

法根的语文教学研究之路并不是一帆风顺的，有过迷茫，有过失败，有过挫折，但是他坚信："只要心中有绿洲，定能抵达希望的绿洲。"

1990 年，在江浙沪两省一市的作文教学研讨会上，他的课上砸了，但是对"绿洲"的执念，让他"从哪儿跌倒，就从哪儿爬起来"，他的三学段作文教学体系研究，他的循环日记，获得了成功！

2005 年前后，他的组块教学研究到了关键的时候。组块教学的整体架构成了横亘在"沙漠与绿洲之间"的一道阻碍。但是"骆驼"不会放弃，一个人的力量有限，他就借力，于是成尚荣、王一军……法根把专家们请来一起探讨，一起研究，最终提出了"走向智慧、走向儿童、走向生活"的教学主张，建构了语文组块教学的基本模式。

南通的祝禧校长也是一位小学语文专家，她一直记得这样一件事情：

2015 年 7 月 19 日，法根与祝校长一起到兰州支教。法根因为在青岛参加一个学术活动，到兰州的时间在第二天凌晨 2 点左右。按计划，第二天上午就是法根的报告。祝校长说："想到法根瘦弱的身体，严重的颈椎病和心脏病，常心生怜惜。不行，不能让他'拼命'，我们决定把他的报告移至下午，让他上午睡觉休息。"

可是等大家用早餐时，法根居然一脸疲倦地出现在大家面前。"不用换了，就按计划做，不给人家添麻烦。""行吗？万一倒在台上怎么办？"大家不无担心。"行！"早上四点到宾馆的他，就这样站在了兰州小语教师的面前。

祝校长惊奇地发现，站在讲台前的法根与之前判若两人，疲倦不见了，声音洪亮，思维清晰，语言依然生动幽默，两个多小时的报告，就站了两个多小时，没喝一口水，中场没休息。教师们刷刷记着笔记，不时报以会心的微笑，精彩处掌声雷动，互动时争抢话筒。人们丝毫看不出一个只睡了两个多小时的人的疲倦和迟钝。

祝校长说："我们力图找到薛法根身上'拼命'的原因，讲到他钟爱的小学语文教学时，何以如此神采奕奕，精神焕发，不知疲倦。是藏在心底的热爱？已经扛下的责任？公益支教的情怀？薛法根的能量超乎你想象！"

2015年上半年，考虑到法根的身体，组织上强制他休养半年，学校日常事务由一名副校长主持。但是法根是个"拼命三郎"，他哪里歇得了。尤其是对他钟爱的语文教学。在法根的日历上永远没有休息日，没有节假日。他一直说："没办法，还有许多事情拖着呢。"

于是，祝禧校长见过的场景，又多次出现过：哪怕有些病痛和萎靡，但是一上台面对孩子和老师们，他的眼里都是兴奋，他的声音铿锵有力。节假日，在他的小会议室里，总有热火朝天的研讨会。关于学校内涵建设的、关于教师成长的、关于语文学科的、关于杂志编写的……这些都是法根说的"许多事情"中的一部分。而每一次研讨的"主讲"和"智囊"也永远都是法根自己。

"柔韧"是法根的精神、品格，是一种看得见的力量！法根就是一头在小语园地里耕耘、跋涉的骆驼，执着而柔韧，坚持而积淀，他的"驼峰"中积聚着巨大的能量、深邃的思想。

后　记

　　人做任何事情都是有原因的，我写法根的故事，把故事汇编成《那棵树　那座山》一书，也是如此。

　　1991年7月，吴江县教育局教科室主任胡继渊带我到吴江县第二实验小学，一起配合戴力行主任编《绸都盛泽》读本，见到了时任学校教科室副主任的法根。法根与我同行，都教语文。

　　法根小我6岁，看上去有点老成，瘦高个儿，背有点驼，说话斯斯文文的，很谦虚，感觉是个可以交往的人。

　　1992年8月，我调入吴江市教育局教科室工作，分管初中学校的教育科研工作。其时，教育局教科室人手少，分工不分家，我也经常跟着胡继渊主任跑小学。可能因为我是中学语文教师的缘故，所以去法根所在的二实小最多，与法根交流的机会也多。我时常听法根的课，一起聊教育科研，探讨语文教学，于是对法根就有了更深层次的了解。喜欢法根朴实、清简的课堂，喜欢法根坦诚、本真的性格，喜欢法根务实、低调的作风。我们很投缘，从内心来讲，我喜欢法根这个兄弟。

因为在教育局教科室工作，学校的领导、教师尊重我们，把我们视为"专家"。其实，在我们教科室，胡继渊主任毕业于华东师范大学教育系，是著名苏俄教育研究家、翻译家、教学论专家杜殿坤教授的弟子，他是真正的科研专家。而我，还是教育科研的门外汉，与"专家"搭不上边。不过，那时年轻，"专家"也就成为我们得意的"被称呼"。然而，在我与法根之间却从不那样称呼。法根喜欢叫我一声"大哥"，我则称呼他为"法根"。有的时候亲热一点，叫他"阿薛"，我手机里面储存法根的来电名字就是"阿薛"。

后来，法根从普通教师被提拔为学校教科室副主任、主任，后来被任命为学校副校长、校长，直至集团总校长；专业上，他也从一个普通的小学语文教师成长为苏州市学科带头人、省特级教师、正高级教师，他首创的组块教学风靡全国，他是全国知名的小学语文专家……承蒙同事的认可、领导的关心，我也担任了教育局教科室副主任，后调吴江高级中学任副校长，

2003 年任吴江市教育局副局长。

法根在变化，我也在变化，但是我们之间的称呼没有改变，"大哥""法根"，我们彼此称呼了 30 年。

我想，出自法根口中的"大哥"不是一个普通的称谓，而是他对我真心的认可、对我的尊重，更是我们之间弟兄般情感的真情流露。而这也是法根谦虚、低调、不张扬的写照。

所以，写法根，写法根成长的故事，原因是我与法根交往了 30 多年，我是他成长的见证者。法根一步步坚实的脚印时时印在我脑中，法根一次次执着挑战困难的情景仿佛在眼前……总觉得自己是最了解法根者，有比较全面地讲好薛法根故事的基础。

作为"大哥"，我一直支持法根的语文教学改革，也一直想深度研究他的组块教学，但是苦于没有时间去深度研读他的论文、专著，没有深切去感受他的课例，所以撰写研究组块教学的文章的事搁置了。

2016 年底，我退二线，相对也比较空闲了。作为全国组块教学实验学校联盟的理事长，有责任与义务去研究薛法根。研究组块教学，我也建议法根组织人员到各实验学校去宣讲组块教学的基本原理以及实践范式。于是，我以系统整体研究薛法根组块教学的基本原理、教学目标、教学结构、教学方法、教学评价等为主题，搜集了大量的文献。法根发表的每一篇文章我都从知网上下载分类打印，我把法根的《为言语智能而教——薛法根与语文组块教学》《做一个大写的教师》《现在开始上语文课——薛法根课堂教学实录》《薛法根与组块教学》等全部找齐，认认真真、仔仔细细地阅读，圈圈、点点、画画，写好批注，特别是他的那些课例，像《番茄太阳》《火烧云》等，都要看四五遍。

除此之外，我还搜集与法根组块教学相关的文献：一是他人对薛法根组块教学研究的论著、课例分析、文献综述等，不管文章长短，全部下载；二是法根徒弟的论文，譬如徐国荣、沈玉芬、王晓奕等写法根的、写自己的文章我也都下载阅读，从中找寻法根的思想以及组块教学对他们的影响；三是相似研究的成果，譬如余映潮的板块教学、窦桂梅的语文主题教学，还有模块教学、块状教学，等等，也都一一下载研究，从中找到他们与法根组块教学的相通之处；四是有关法根的报道、采访；五是其他学科相关的研究，随着组块教学影响的扩大，不仅小学数学、外语、科学，连中学的数学、物理、化学等学科都运用组块的方式组织教学，那些学科的总结性文章也日益增多，对此，我选择性地下载。

为了拓宽视野，把组块教学放到更广阔的背景下研究，我还策划了"组块原理""语文语用""课堂结构""教学风格""关联联结"等专题，搜集相关的理论研究成果，把法根的组块教学放到这些理论背景下进行分析、研究，探寻组块教学的价值、原理。

在文献研究的基础上，我撰写并发表了多篇关于组块教学的研究论文，如《为学生的言语智能发展而教——薛法根组块教学目标述评》《从线形教学走向块状教学——薛法根组块教学基本原理述评》《内核：构建适宜内容板块的核心——组块教学板块内容研制述评》《板块的组合逻辑、形式与特征——薛法根组块教学课堂结构探析》等。

正是这样的深度解读、深度研究，我发现，法根的"组块""组块教学"的提出已经将近30年了。1996年，法根撰写了《语言训练要在内化上下功夫》一文获得江苏省"教海探航"征文竞赛一等奖，在文中提出的"重组教材""注重联系"等是他组块教学中"组块""内核"等核心概念的滥觞，也是他"为言语智能而教"的滥觞。1998年前后，法根编制了一份研究计划——"组块教学纲要"，纲要中提出组块、组块教学的概念；在1999年《人民教育》第1期，法根发表了《语文教学要着力提高学生的语文素质》一文，提出"精心设计组块教学"。

我们中国人有三十而立之说，那么法根的教学研究也到了"而立"之年，重要的是法根的组块教学已经成熟，自成一家。

三十年的孜孜以求，三十年的与时俱进。我发现，法根的组块教学经历了以下四个阶段：

第一阶段，萌芽（1994—2000 年）：代表作为《语言训练要在内化上下功夫》《语文教学要着力提高学生的语文素质》等。

第二阶段，发展（2001—2010 年）：代表作为《走向充满智慧的语文教学》《组块教学：为小学生言语智能的发展而教》等。

第三阶段，成熟（2011—2017 年）：代表作为《为言语智能而教——薛法根与语文组块教学》《现在开始上语文课——薛法根课堂教学实录》《做一个大写的教师》《让选文重新归队——依据文体分类的单元重整》等。

第四阶段，提升（2018 年至今）：代表性成果为小学语文组块教学实践研究相继被评为江苏省基础教育教学成果奖特等奖、国家基础教育教学成果奖二等奖。代表作为《薛法根与组块教学》《用语文"做事"：素养导向的任务设计要义》《语文学习任务群的内涵解读与实践建构》等。

法根研究、探索、发展组块教学的每一个阶段，不仅有丰硕的实践与理论成果，更有许多案例、故事，这些鲜活的事例，不仅展现了法根探索实践的坚实脚步，而且揭示了教师成长、成才的规律，是不可多得的财富。

为此，2022 年，我撰写了 2 万余字的关于法根教育哲学的研究文章《千锤百炼始成金》，初步做了归纳：

那棵树 那座山

"人在中央"——以生为本、以师为本是法根教学、研究、管理的核心，是其教育哲学的基础。

　　"一生只做一件事"——教育科研是法根的"一生的恋人"，组块教学是他持续研究的一个主题，"小学语文组块教学实践研究""智慧解放教育理论下的小学组块教学研究""关联理论视域中的小学语文组块教学研究"等三轮课题，分别从教学论、课程论、语用论切入，解决语文教学的问题，探索破解之道。

　　"一方水土养一方人"——苏州历来崇文重教，形成了以叶圣陶"不教之教"教育思想为核心的苏派教学。法根善于把自身的教学特点与地域教学的文化相融合，于是就有了组块教学，有了他精简的教学风格。

　　"山还是山，水还是水"——法根的组块教学是在"模仿—融合—创新"中形成的，其中的一个关键词是"融合"，也是最高境界。

　　"一起来改变世界"——教育是一群人才能做成的事业，单打独斗难成教育的大事。法根坚信并坚持：让伙伴变得更加优秀。

　　"美好的教育自带光源，能够相互映照"——不管是教师还是校长，要自带光芒，这个职业其实是照亮别人的。像一个灯源，照亮周围的人，这是最好的，法根认定并实践：教育就是相互映照。

"教育写作：组块教学腾飞的翅膀"——法根及时反思教学实践，善于经验的提炼，写出有一定深度的文章，在总结过去中构建组块教学的未来。

……

法根的成长有规律，这种规律有代表性，这种代表性只有让更多的人知道、更多的人学习，才能发挥出最大的效应。作为法根的"大哥"，有必要通过叙事的方式，把法根的研究、成长的故事写出来，与大家分享。于是，2023年2月6日起，我在微信公众号"征远屐痕"推送法根的故事，写的第一篇是展示他作文教学改革的《孔武有力》。

推送时，我把法根的故事命名为"印象法根"，是借鉴各地知名景点推演的命名方式。玉龙雪山有《印象丽江》，杭州有《印象西湖》，桂林有《印象刘三姐》……这些"印象"，对于提升景点的知名度，满足人们多感官的享受，起到重要的作用。于是我用"印象法根"命名，就是想全方位地展示薛法根的成长历程，多元地展现薛法根教学、科研、管理的能力，立体地呈现薛法根的人品、人格！

一开始就是想写个八篇十篇，哪知道一写就不可收，居然写到了30篇；一开始也没想这组文章会得到网友的好评，居然结集出版。

汇编出版时，江西教育出版社编辑缪慧玲建议书名文艺一

那棵树　那座山

些，在她的启发下，把法根的故事命名为《那棵树，那座山》。法根是"好大一棵树"，扎根乡村教育，深耕语文教学，为乡村孩子们的成长和发展贡献着自己的力量；法根又像一座山，那么稳重、淡定，是学生、教师可依赖的"靠山"，更是小学语文教学改革的一座"高峰"！

撰写法根故事的过程中，我参阅了大量的文献资料，特别是《人民教育》《中国教育报》《江苏教育》《江苏教育报》《江苏教育研究》《语文教学通讯》《苏州日报》《吴江日报》等媒体对法根的报道，对撰写法根报道的记者以及这些媒体表示感谢，还有沈玉芬、王晓奕、周菊芳、朱祺等老师为我提供的有关材料，在此一并表示感谢！

特别要感谢的是江苏省教育厅副厅长顾月华女士，于百忙中阅读书稿，饱含深情地给本书作序，从更高的高度评价法根，肯定本书的价值。

写作本书，一方面是要全方位地展现法根作为教师、校长多元角色的人品、人格；另一方面是想通过讲述法根的故事，让他的精神以文字的形式留下来，能给其他教师，尤其是青年教师以教育，如果能达成这样的效果，那么本书的写作目的也就实现了，我也心安了。

沈正元

2024 年 6 月 24 日于征远书斋